JN261145

丸木政臣

子どもを
可能性としてみる

藤原書店

教育基本法の改廃と子どもの危機
――まえがきにかえて――

二〇〇二年十一月十四日、中央教育審議会は「新しい時代を切り拓く心豊かでたくましい日本人の育成」のためには、教育基本法の抜本的な「見直し」が必要だとの中間報告をまとめて、遠山敦子文部科学相に提出した。政府・文部科学省もその方向で、教育基本法の「改正」案を国会に提出しようと動いている。

教育基本法は、日本国憲法の精神を生かし、その理想を実現するための教育の基本法として、尊重されてきた。憲法も教育基本法も、いくたびの試練に耐えて「改正」されずにきたが、今回、はじめてその改廃が、政治日程にのぼりつつある。

私たちが危惧するのは、論議らしい論議を欠いた報告書の拙速なまとめかたである。このことと表裏をなしているのは、政治主導の内容だということである。これからの教育はいかにあるべきかは問われずに、各委員の放談が中身となっている。一部の委員ももらしているように、「はじめに改正ありき」の政治主導で、議論がすすんでいるといえよう。

今日の日本は、子どもと教育をめぐる深刻な危機に直面しており、その危機の打開こそが中心的なテーマのはずである。教育基本法の「改正」を企図するならば、まず、ことの順序として、日本の教育の歴史的状況と、教育状況をていねいに検証し、そのことに正しくこたえられる教育基本法の「改正」であるべきである。文科省も中教審も、この基本をさけて、不毛の形式的論議をくりかえしているにすぎない。

私は敗戦の翌年、一九四六年に、熊本師範学校付属国民学校につとめた。

焼け跡、闇市の時代で、学校に職を得たものの、教師も生徒も腹をすかせていた。私は百姓の出であったので、学校のまわりに薯《いも》畑をつくり、毎日農作業にあけくれていた。

その年の十月、憲法・教育基本法の学習会が学校で開かれた。講義をするのは、校長の下条靖先生であった。本文でも触れたが、下条校長は私たち教師の前に立って、とつとつと大要つぎのように話された。

……教育基本法は、日本国憲法の教育版ともいえるものです。教育目標として真っ先にあげられているのは、「平和的な国家および社会の形成者として、真理と正義を愛し、個人の価値をたっとび、勤労の責任を重んじ、自主的精神に充《み》ちた心身ともに健康な国民の育成」ということです。

私は、戦時中、師範学校で化学を教えていました。今日、この席にいる丸木君も、私の授業を受けていた人です。昭和十八年、戦局がきびしくなる中で、私は「いま、若者はみんな銃を持って戦地にいくべきだ」と説きました。生徒たちは次から次と、学徒兵として校門を出ていきました。丸木君のクラスからも、三人四人と戦死者が出ました。丸木君は運よく生還したからよかったが、死んでいった連中になんとお詫びしたらいいいか。……

下条校長は絶句して、しばらく泣いておられた。

教育基本法の「改正」で求められているのは、「心豊かでたくましい日本人」という規定である。そして、この「たくましい日本人」になるために「競争したら勝者たれ、敗者になっても耐えるたくましさが必要だ」としている。二十一世紀をグローバルな競争社会と規定し、それをになう人材育成を焦点にしているようだが、これでは「新しい時代を切り拓く」どころか、戦後つちかってきた平等・平和・相互援助の教育基本法の理念が崩れてしまうではないか。

いま心が痛むのは、日本の教育と子どもをめぐる危機的状況である。学校嫌いが増加し、いじめや学級崩壊がふえる一方である。不登校、登校拒否、ひきこもり、校内暴力もあとを絶たない。傷害から殺人まで、想像もできないような事件が頻発している。

教育基本法を「改正」すれば、このような状況が改善され、子どもの可能性を伸ばす教育が可能になるのだろうか。否である。

むしろいま必要なのは、子どもの苦しさややりきれなさに耳をかたむけ、子どもたちのおかれている状況の本質を、もっときちんとつきとめることではないだろうか。

子どもを可能性としてみる

目次

II　人それぞれに花あり

■ふるさと熊本

子どもを可能性としてみる

カバー画・扉画　よしだ みどり

Ⅰ　子どもを可能性としてみる

飛び立っていく君たちへ

中学校の三年間担任した生徒で、私に強烈な印象をあたえた一人の生徒のことを書いてみたい。その生徒とは、小児マヒの後遺症をかかえたマルさんという子である。マルさんは、中学校を出て高校に進んだが、高校を出てやがて三十五年になろうとしている。

マルさんに学ぶ

一九五五年（昭和三十年）四月。私は九州から上京してきて、東京の和光学園の教員になった。上京そうそうのころ、中学校に配属され、中一の担任になった。その学級に、マルさんという半身マヒの肢体不自由児がいた。和光学園には、小学校にも中学校にも、普通学級の中に一、二名の障害児が在籍していたのだ。

それまで大学の付属中学でエリート志向の生徒を相手にしてきた私にとって、和光学園での最初のカルチャーショックは、障害児のいる学級の担任教員ということにあった。それ以来ずっと、マルさんが投げかける問題によって、私はショックを受けつづけることになる。考えようによっては、私はマルさんとのトラブルによって〝一人前〟の教員になってきたようにも思える。

ある日のホームルームの時間に、マルさんはとつとつと「いまのようなペーパーテストは何のためにやるんですか。あんなものやめて下さい」と発言した。それは、各教科のテストで、マルさんが白紙の答案を出しつづけていることを話題にしたことに端を発する。

各教科の教師は、マルさんを問題児と思っていたし、私も話の通じにくい生徒とは思っていた。「なぜ、ペーパーテストには意味がないのか」という私や級友たちの問いにたいして、マルさんは大要こんな答えをした。

教科の勉強の目的は知識を理解することにあると思う。ペーパーテストで、わかったかどうかが先生につかめるだろうか。それは否である。出された問題に答えを書いて、先生が採点をし、正解の数で点数をつけるだけだ。そしてその点数で百点から零点までの差をつけるのだ。差をつけるためにテストをやるのであって、よくわからせるためにやるのではない。大体、どの教科でも五十分でやらせること自体がおかしいではないか。僕のように手の不自由な人間は、二時間ぐらいかければ全部やり終えるかもしれない。でも、五十分では無理だ。そして、五十分の結果は点数であらわされる。先生は理解していないと判断するだろうが、そうではなくて、手の運動力が僕の考えを十分に表わせないことも多いのだ。それぞれの生徒に事情があるのだから、こんな画一的なテストで測るのはやめにして、うんと時間をかけてレポートを書かせるとか、話をさせてみるとか、改善をしてほしいと思う。

私はマルさんのたどたどしい話をききながら、彼は教育というものの根本を衝くような重要なことをいっていると思った。そして彼のいっていることは、それまでの私の教育論には欠落していることであった。このことは、ひとり私だけの反省材料でなく、私のクラスの多くの生徒が教えられた新しい視点であった。

通常、手のかかる厄介者と思われがちな身障者のマルさんだが、彼がいることで、みんながが覚醒されたことはたくさんある。

マルさんとのつきあいの中で、しだいにみんながわかってきたことは、人間にはそれぞれ潜在する能力があるが、学校ではそれがちゃんと評価され伸ばされているとはかぎらない、すべての生徒が平等の存在である以上、生徒ひとりびとりの能力や個性というものは、尊重されなくてはならない、ということだ。

子どもというのは対応能力が高いものだ。その後、ソフトボールでは、マルさんが参加できるように、バッターと走塁を分業にし、マルさんはバント、脚の速い伊勢君がピンチランナーをつとめることになった。徒競争のハンディも、何回もタイムを測って割り出したものであったし、臨海学校の遠泳も、平泳ぎが駄目で速度のおそいマルさんには、ドル平《ひら》泳法が適用され、特別コーチがついて完泳するシステムがとられた。

マルさんを疎外しないという、こうした教育手法は、どの子も犠牲にしないということにつながった。教師が意図的に差別しようとは思わないにしても、一つの形式に馴れてしまうと、いつのまにか人間を人間として扱うことを忘れてしまうものである。マルさんは私たちに、教育のあるべき原点を鋭く指摘しつづけてくれたのだ。

マルさんの旅立ち

マルさんの〝得意技〟というのは何だろう。中三のとき、私へのノートにこんなことを書いていた。

「先生は、このまえ何か打ちこめることをさがせといいましたが、なかなかそれがみつからなくてよわります。数学や理科はニガテ、国語も英語もダメ、手が不器用だから美術や工作もデキナイ。消去法でいったら何ものこんないよ。好きなことといったら汽車、電車のことぐらいかな。これは人に負けないとおもうけど、汽車や電車では仕方がないもんね」

マルさんは鉄道マニアである。マルさんのカバンには、毎日、数冊の鉄道雑誌や鉄道写真集がはいっている。昼休みなど、マルさんのまわりにはファンがあつまって、マルさんのご高説を拝聴したものだ。その当時はテープレコーダーがめずらしかったが、彼は小型の機械をいち早く手に入れて、汽車のわだちの音や小田急線の新型電車の疾走音を録音していた。冬休みに、北海道まで出かけたマルさんは、

「この写真は、留萌《るもい》線の深川という駅です。雪が軒の高さまであって、ほれ、ラッセル車がもうもうと雪をかいているでしょう。このテープは、深川から留萌に向かう汽車の音

です。僕が真布《まっぷ》という駅のホームで、日本海のほうに雪を蹴たてて進むデゴイチの勇ましい叫びを録音したものです。これから留萌まで二メートル以上の雪の中を、風に向ってごうごうと進むのです」

などと、活動写真の弁士のように、重々しく喋る。生徒の多くは大して興味も持っていないのだが、マルさんがあまりにも熱を入れるので、うなずきながら聞いている。

合宿の夜の余興といえば、シムさんの落語、フクどんの物真似、サエさんの演歌、マルさんの鉄道駅名暗誦などにきまっていた。

マルさんは言語不明瞭なところはあるが、東海道線、山陽線、東北線と駅の名前を順番に上げはじめたら、えんえんとしてとどまるところをしらない。トウキョウ、シンバシ、シナガワ、カワサキ、ツルミ、ヒガシカナガワ、ヨコハマ、トツカ、オオフナ、フジサワ、ツジドウ、チガサキ、ヒラツカ、オオイソ、ニノミヤ、コウヅ、カモミヤ、オダワラ、ハヤカワ、マナヅル、ユガワラ、アタミ……とつづいて、キョウト、オオサカまでいく。その頃になると、誰いうともなくストップということになる。とにかくマルさんの鉄道への執着ぶりは尋常ではない。

東海道新幹線の開通は、それから六、七年も後のことだが、そんな幻の超特急の情報誌を手に入れては、いつどこででも読みふけっていた。

中三を終える頃であったが、突然にマルさんは私の家にやってきて「将来のことだけど、鉄道に関係したところで仕事をしたい、なんとか先生も力をかしてほしい」と告げた。「鉄道に関係したところ」といっても、私にとっても未知の分野だし、つかみどころがない話だが、将来の方向を決めたのはいいことだし、協力するよという約束をした。

それから彼は高校に進むが、おなじキャンパスなので、暇があるとよくやってきて話しこんだ。いっしょに大阪の「鉄道博」見物にいったり、高原を走る小海《こうみ》線の写真を撮りに行ったり、学校の外でのつきあいも結構あった。

マルさんは「僕の前に道はない、僕のあとに道はできる」という高村光太郎の「道程」の一節が好きだった。

彼は高校在学中、いろいろな手だてで彼の潜在的希望である鉄道への接近をはかったが、マニアとしてならいくらでも楽しみはあるが、一生の仕事として考えると、肢体不自由な彼にとって、鉄道に生きる場所をみつけることは至難なことであった。

打ちひしがれて絶望的になっていく彼に、私は「これまで前人未踏だとしても、君が最初に道をつけるという可能性もあるんだぞ」といって慰め励ました。

高三の九月のことだった。近代交通博物館が広報係を募集しているという情報を得た。応募してまた不採用になるときのことも考えて、マルさんには成功への道のりは決して平坦ではないことをいいふくめた。卓抜な知識、発想のユニークさ、一途な情熱が認められたのか、彼は三次試験のうえで採用された。広報誌の編集の仕事である。採用通知を手に私の家にやってきた日の彼の喜びようは、いまも忘れない。

彼は卒業証書を手にした日、つぎにように書いた紙きれを私の机の上に置いていった。

先生ありがとう／先生との出会いは幸運なことでした／ぼくの夢を先生はみとめてくれたから／そして夢をみるかぎり人間は前進できると教えてくれたから／精一杯ぼくの夢の実現に努力します／先生ありがとう。

いくつもの峠を越えて

私は卒業の日、マルさんに一枚の色紙をわたした。

たどりつきふりかえりみれば山川を越えては越えて来つるものかな

有名な河上肇の短歌である。

世の中というものは、平坦な道をゆったりとあゆむようなことは少ない。険しい道をよじ登り、疲れ果てても何くそと気力をふりしぼって、頂上をめざして登りつづける、そして自力で峠に立って下界を眺めるときだけが、人生の至福であるということを言ったつもりである。

正月の三日、私の家では朝から晩まで昔の生徒や同僚があつまって新年会を開く。この宴に朝九時にやってきて、夜十二時まで一回も欠かさないのはマルさんである。正月だから来客の多くは正午以降であるが、マルさんは、かならず朝九時に玄関のベルを押す。一年間の広報誌の原稿や写真、取材したテープやビデオなどについて、私に説明するのである。マルさんの専門性はますます深くなるし、私とはほとんど接点がないので、せっかくの説明も、私には理解できないことも多い。正直にいって退屈でもある。そのようなことはお構いなく、マルさんは「いまリニヤモーターカーの研究の焦点は、ここに集中しているんです」などと、細部にわたって説明をしはじめる。そんなとき、次の来客でもやってくると、ほっとするのである。

そのマルさんも、いくつかの恋愛を体験したし、仕事の上で挫折も体験したし、また親の死にも際会した。そんなときに、私は、自分の体験を語ってきかせる。

「マルさん、辛いときは俺はいま試されているんだと思いなさいよ、そしてとりあえず向こうにみえる峠まで、ひとがんばりするんだよ。辛さにたえてがんばれば、きっとこんなすごい世界もあるんだということがわかるよ」

あと三日すると、またわが家の新年会である。マルさんは三十何回目かの一番のりで、風呂敷包みにたくさんの資料をどっさりいれて、私の家にやってくるはずである。こんどは私のほうから、一昨年の風水害以来ずっと不通になっているわが故郷の豊肥線、地震でズタズタになっている八戸線のことでも話題にしてやろうかなどとも思っている。

マルさんだけではない。百人ちかい人たちから近況をきくことは、教師冥利といえるのかもしれない。

これから飛び立つ人たちよ、巣立ったあと何年たっても心の交流のできる師や友を持ってほしいと願わずにはいられない。


（『みんなのねがい』一九九五年三月）

思春期の子どもとどうつきあうか

親ばなれ、教師への反抗のとき

小学校の五、六年生から中学生、そして高校の二年生までぐらいの時期を青年前期、俗に思春期と呼んでいる。

ルソーは『エミール』の中で、思春期のことを「第二の誕生」と名づけている。それは乳幼児のときについで、身体発育の急進期でもある。

夏休みが終わったら身長が十センチも伸び、中二にしてお父さんの背丈を追いぬいたというようなこともある。洋服の丈《たけ》がすぐ短くなるのは、この時期の特徴である。こうした身体の成長とともに、二次性徴もあらわれる。陰毛が生えたり、声変わりしたり、男の子は骨太くなって最初の射精をみる。女の子は体に丸味がつき乳房がふくらみ、初潮を迎える。

このような身体的成長、性機能の成熟に伴って、それまでにみられなかった性的な衝動や、異性への関心が強くなる。そしてこのような成長・発達は一様ではなく、個人差が大きいので、仲間と自分とを比較して一喜一憂する。ヘアスタイルや自分の容貌に神経質になって、朝から長い時間、鏡とにらめっこするようにもなる。鏡の前に立っているご当人は、映っている自分の姿の向こう側に、関心を持っている異性の顔を思い描いているのである。

ルソーも「身体は自我成立のシンボルだ」といっているが、自分の身体がめざましく変わっていくとき、否応なく自分への関心を喚起することになる。

「異性にもてるだろうか」「非常に毛深いが、これは普通かどうか」「おれは異性が好きだが少しへんなんだろうか」「髪がちぢれているが、なんとかならないか」「勉強が手につかないが、おれはダメ人間だろうか」……などと自分への関心が強くなり、同時に一人前の人間への自立をめざして「自分さがし」をつづける。

だから、いままで一にも二にも「ママ」「ママ」とすり寄ってきた子どもが、ある日から突然にキバをむくようになる。「あなたいつまでテレビみてるのよ、たいていにしなさい」

というと、いままでは「うん」といって部屋にひきあげた子が「うるせえなあ」「ががたいうなよ、いつまでも子ども扱いしやがって」と反抗してくる。この激しいコトバにびっくりして、「あなた何ということをいうの、パパにいいつけるから」などというと、「なんだよババァ、弱ムシのジジィになにができるかよ」などと悪態をつく。

普通の親というのは、子どもの発達を長いスパンでみることができないので、「うちの子はとんでもない問題児になってしまった」と嘆き悲しむことになる。それはその子自身にもよく判らない「自分さがし」の心の葛藤なのである。その証拠に、親を憤激させたその子が、別のときには母親にすり寄ってきて「ママ、ねえ」と甘える。親ばなれと寄りかかりと、一見矛盾するような行為で、思春期の子は心のバランスをとるのである。

教師に対してもおなじで、「廊下は走るなといっただろう」「掃除はちゃんとやれ、ふざけていちゃだめだ」などと注意すると、「うるせえんだよ」「まじめにやってんのに」とぶつぶつと不満をいい、反抗する。それがこうじてくると、公然と文句をいったり、抗議したり、命じたことに従わなかったり、天井ボードに穴をあけたりする。そんな感情的に激しいことをいう生徒が、ケロリとして「これどうするんですか」と質問にきたりもする。

思春期の子どもたちは、親や教師に距離をおき、友達や仲間に接近し、自分の世界を持とうとする。友達、仲間との関係こそ、この年代の子のキーワードである。だから反発、反抗、離反というのは、自立への旅立ちのあかしでもあるのである。

あらゆるものとの向かい合い

「おれはおれだ、他とはちがう」「わたしはわたしです。ほかの誰ともちがう」というときの自分というのは、仲間や友人と向かいあっている。一個の人間として自分は存在しているということを、自覚しはじめたのである。それまでは多勢の中のひとりであって、仲間や集団を向こう側において、「おれはおれだぞ、おれの言いぶんも聞いてくれ」という一人の独立した人間は存在しなかった。

小学校高学年位になると、母親が黙って子ども部屋に入るのをいやがったり、早く勉強にとりかかりなさいなどというと、いやな顔をしたりするようになる。そして中学生になると、親が帰宅がおそいといってたしなめると、「おれの勝手にさせてくれよ、よけいな干渉するんじゃないよ」と怒りだし、親の一方的なお説教につよく反発する。

それは、自分のことは自分で決めるのだ、おれの人生は誰のものでもない、おれのものだ、という自立への自覚そのものであり、自立へのあがきなのである。といっても、この段階の子どもというのは、頭も心も体もまだひよわで、自己主張が強いわりには不安定である。

ひよわであるために、かえって虚勢を張り、自分の独自性を守るために、ちょっとしたことにも「余計なおせっかいやめて！」と強烈に反発することになる。言葉や語気が強いわりには自信がともなわないし、ときには大人のいうことに従っていればよかったというような動揺や不安もある。そうした揺れ動きは当然のことながら、その子の内面に葛藤をひきおこす。

中二の子のこんな詩が目についた。

落　選

執行委員選挙
落っこちた。
ひょっとしたらと思ってはいたが
ショック。
立候補したとき

「あなたには無理だよ」

「人気がいま一つだし」

まわりでからかった人たち
「生徒会選挙は人気投票じゃないよ」

私は心の中では反発した。

でも結局、落ちたのだ。

「小差だ、次があるよ」

先生の慰めの言葉にもかえって傷つく。

小差でも落選に変わりはない。

からかった人たちの
哄笑がきこえてきそう。

ああ
やっぱり私って魅力のない人間なんだ。

（「中学生の児童詩」／千葉・里村明美）

この子が生徒会執行委員に立候補しようと決意をしたのは、思春期の子らしい自己主張のあらわれである。この時期の子どもたちには、よく「親友」といわれるような結合、私的グループが生まれる。これは子ども時代のギャングエイジ的つながりとはちがって、きわめて癒着度の強いものである。立候補の宣言をしたとき、少しツッパッたような連中から「当選は無理だよ」とからかわれる。

どこの中学校でも、おそらくこんな真面目な子よりも、少し斜めに構えたような子のほうが人気があり、生徒会にも出やすいという風潮がある。そんな状況にたいして、この子は「人気投票じゃないよ」と反発をし、かえって胸を張る。

ところが、あえなく落選。おそらくこの子は意気消沈して、自尊感情がつよいだけに、すっかり落ちこんだことだろう。

そこでこの子は、仲間は何を考えているのかと仲間と向かいあい、自分がなぜ他人に支持されないのかと自分に向かいあい、生徒会選挙とはいったい何なのだと、社会的仕組みと向かいあい、また自分のこれからとも向かいあう。きっとこの子は、がっくりきて、しゃがみこんでいるだろう。

思春期の子らは、いろいろな経験を重ねて、そのたびに自分の外のあらゆるものと向かいあい、悩んだり苦しんだりしながら、自力で歩くことで自己を形成するのである。

ジグザグの道のり

中学生の男の子の母親が、「ガタガタいうんじゃねえ、うるさいんだよ」と荒っぽいことをいわれて愕然として「いったいどうして、こんなことになったんでしょう」と愁訴するということはよくある。ところがその親が「中学生というのは本当のところがわかりません」と、まる反対のエピソードをもらす。

「私が仕事の都合で少しばかりおそく帰りますと、息子が玄関に立っていて、おーいおそいじゃないか、どうしたんだよ、と不安をむき出しにするんです。いいわけをしながら台所に立つと、息子はおれ手伝うよ、といいながら、すり寄ってくるんですね。なーんだ甘えているのかと思って、淋しかったの、よし、よしといって肩をだいてやると、おいよしなよ、息がつまるぜ、とかなんとかいいながら、満更でもなさそうなんですね」といいながら、反発と甘えがいっしょにくるので、わからなくなるんですという。

この時期は、まちがいなく親離れ、大人離れのときである。その一方でこの母親もいうように、すり寄ってきて甘える。大人のほうは、なんて勝手だろうと思い、矛盾もはなはだしいと受けとるのである。考えてみると、少しも矛盾はないのだ。親離れして独立独歩しようとすると、向かいあった自分がたよりないので不安になってくる。それを克服するために、親に甘えて自力をたくわえようとするのだ。

母親のたしかな手ごたえを確かめると、安心感とでもいうか、内面の安らぎをえて、また自力で前進をはじめることになる。そうした要求を満たしてやることのうまい人と、へたな人とがいる。

子どもの側にも甘えることの上手な者と、まるでへたな者がいる。うまく甘えを満たしてやれない場合、うまく甘えられない子の場合、子どもはもやもやした感情、焦燥感をもって、学校や家庭でも荒れることがあるといわれる。

子どもがなんとなくすり寄ってきそうなときは、「なによ、大きななりをして、気持ちが悪い」などといわないで、上手に甘えさせることである。そうして内面を安定させてやらないと情緒不安定に陥ってしまう。

男の子は、よく母親に「耳がかゆいよ、垢をほじくって」といって甘えたり、ツメを切らせて甘えたりする。女の子も、髪をとかせたり、顔にマッサージをさせたりすることがあるが、これは安心感獲得の行為である。

教師の間では、親のネコかわいがり、過保護、甘やかしが、「あの子を駄目にした」と否定的に語られる。たしかに、甘やかして育てられた子どもはひよわで、自分本位でわがまま勝手で、扱いにくい。思春期の子どもをつかまえて「ボクちゃん」などと呼びながら、かわいくて仕方がないというぐあいに親切にかかわる母親がいるが、これは溺愛であって、子どもの自立能力をうばいとってしまう。

ところが、さきにみてきたように、中学生でも淋しかったり、不安になったりして、親の愛情をたしかめるために、すり寄ってくる、つまり甘えるということはあるものである。上手に甘えさせるといったが、自立の過程はジグザグしていて、子どもは辛いこと、いらいらすること、つまずきや挫折も体験する。そんなときに「どうしたのよ」とやさしく肩を抱いて子どもの気持ちをきき、甘えさせて安心感を与えるのは、だいじなことである。つまり〈甘やかし〉は、親が自分のためにすることで、〈甘えさせる〉のは、子どもの自立のためにすることで、似ているようで中身はまるでちがっているのだ。

子どもが幼稚園から小学校、そして中学・高校と進むとき、かならずその発達の過程において果たされなかった課題があるものだ。

幼いときからしっかり者で、わがままなどいったことのないような「いい子」は、親に甘えたいという思いを潜在的に引きずりながら成長する。そこで思春期になってから、母親の髪や体に触れたりして「子ども返り」の状態を示して親をおどろかせる。子ども自身、自分の成長の過程でぬけていた部分を補う行為をするのである。

中学生にもなって小学校低学年のような行為をすることを「退行現象」ともいうが、思春期というのは、ジグザグしながら伸びるときなので、多くの子にこうした現象がみられる。それは幼い頃に立ち戻って、幼いときにできなかったことを、その頃に還元してやり直す行為である。

中学生がボールをぶつけ合ってふざけたり、天井にボールを投げて穴をあけたり、幼稚なことをしてさわいだりするのをよくみかける。図体は一人前なのに「おかしいじゃないか」と思うこともあるが、子どもの多くは、周囲の目を気にして幼いときに「いい子」ぶるから、中学生で「子ども返り」をするのである。

それは「退行現象」で、そんなことを繰り返しながら青年になるのだという巨視的な見方が必要だろう。

学校の保健室で養護の先生を相手に、たわいもないことを言って暇つぶしをしている子も、「子ども返り」をしていることにまちがいない。

行きつ、戻りつ

子どもは、一直線に真っすぐには育たない。ことに自立を前にした過渡期というのは、前進したり、停滞したり、ときには退行したりしながら、前進していく。しゃがみこんで思案している子どもは、まるで発達がとまったようにみえる。それは一歩後退して、バネをためて次に飛躍しようとする準備のときである。幅跳びをするとき、助走して踏み切り板で跳ぶように、思春期の子は次のステップのために態勢づくりをする。さきにのべた「子ども返り」という退行は、バネがしなやかにたわむようなものである。

この時期の子が、さかんにだじゃれをとばしたり、ふざけたり、いたずらをして楽しんだりするのは、一種のたわみである。もののわかった親でも、わが子にはしっかりした面や真面目さを要求して、「きみお兄ちゃんだろ、しっかりしなくちゃ」と「ねばならない」という要求をする。子どものときから「らしさ」を求められると、子どもはゆとりやたわみをなくして、しっかりせねばと胸を張る。しなやかさがあるから人間は「一歩後退、二歩前進」をするのだが、「らしさ」に即応した子どもは、〃ねばならない〃に縛られ、その重たさに耐えきれなくて、折れてしまうことにもなりかねない。

大人は、自分にもそうした「行きつ、戻りつ」があったことを忘れてしまって、子どもには直線的発達や「らしさ」を求めてしまうが、これではバネのある子は育たない。ある時点で急に不登校に陥った子ども。仲間をいじめたり、暴力を振ったりするようになった子ども。母親にうるさいといって暴力をふるう子ども。家から金を盗み出して友達と遊ぶ子ども。

思春期の子どもには、多くの「問題現象」があらわれる。いまの大人たちが育った昔もこのようなことはあったが、現在のほうが質的にも量的にも深刻になってきている。

どうしてなのか、答えは簡単に出せないが、子どもの数が非常に少なくなって、どこの家庭でも親の目が隅々まで行き届き、親の期待が過大になってきているといえる。しかも、昔とは比較にならないくらい親の学歴がたかく、教養豊かである。だから「ねばならない」という要求や押しつけもつよい。

子育てにたわみがないし、しなやかさがないから、子どもが親の要求にしたがわなかったら「あなた何をやっているの、たいていになさい」ということになる。そこで、その壁をのりこえて前進できる馬力があればよいが、多くの子が原体験が乏しく、ひ弱にできているので、要求にたいしてたわむことができず挫折してしまう場合もある。

「もうこれ以上がんばることはできないよ、しばらくポケーッとしていたい」といって登校しなくなる場合も、「無性にしゃくにさわって暴れだしたい」といって教師や親に反抗する場合も、こんな「問題現象」は、「ねばならない」という要求を知りつつ、それに応じきれないで起こるものである。

子どもの行動にたわみをつくるには、大人にしなやかさが求められるし、子どもとの関わりが柔軟でなければならない。

昔の日本の庶民家庭というのは、貧しいうえに子沢山で、親は仕事や生活に追われて、子どもたちに心をくばり、ひとりびとりに「ねばならない」と教訓をたれる暇がなかった。そんな教養もなかった。せいぜい「健康で他人に迷惑をかけるようなことはしないように」ぐらいしかいえなかった。「よくできる子になって、有名大学に行って出世してほしい」などと期待をのべるのは、ごく限られた有産階層の家庭だけであった。庶民家庭というのは、「うちのお父さんの後継《あとつ》ぎでいいんだから」というようなもので、がんばって上昇志向を求めることも、ほとんどなかった。「子どもとは、いたずらなものだ」と行きつ戻りつするのを、おおらかに認めているようなところがあった。

今日の世の中は、がんばって前進することばかりを求める風潮があるから、現代よりも昔のほうが、豊かな思春期が存在しえたといえよう。

問い直されるべき子どもと大人の関係

大人は昔も今も、子どもというのは保護と教育の対象と考え、「かくあるべき」という理念のもとに、やたらとお節介をやいてきた。幼児から少年期までは、従順にそれに合わせてきた子どもも、思春期になって大人と向かい合う関係になってくると、大人の「かくあるべき」をうさんくさく思うようになり、自分を縛っているものに反抗するようになる。

今日の世の中、高度経済成長がもたらした大衆消費社会＝マスメディアの社会では、大人と子どもの境界があいまいになり、子どもは昔のように完全な保護と教育の対象ではなくなっている。

中学生なのに、一万円札を何枚もぴらぴらさせながらゲームソフトを買っている子、ドライブインで何人もで飽衣飽食している子、ゲームセンターで金をどんどんつかって奇声を発している子――店員は大人なのに「お客さま」を「一人前」に丁重に扱っている。

そういえば、テレビのチャンネルは、大人よりも子どもが所有しているのだから、大人が知っていることは、みな子どもも知っている。だんだんボーダレスになってきているのである。

　ということは、思春期にとくに多い不登校、いじめ、暴力、万引き、ツッパリなどの「問題現象」というのは、大人の子どもにたいする無理解、対応のまちがい、横暴さなどが要因にあるといえないだろうか。

　大人と子どもとの境界があいまいになっている今でも、旧来同様「子どものくせに」という姿勢で「かくあるべき」を説き、受験競争と規制管理への適応を強いたら、子どもの側は「大人なんか信用できない」と反撃に出るにちがいない。

　いまだいじなことは、思春期の特質をきちんと理解することだけでなく、現代の社会と、そこに生きる大人と子どものかかわり方を、しっかりおさえることではないだろうか。

　私は、教職員組合の教育相談室の仕事を十年余もやってきたので、子どもの不登校問題の相談を受けることが多かった。

　子どもが不登校をはじめたとき、その事態を平然と受け入れる人は、ほとんどいない。子どもは親や学校を拒否し、ときには暴れることもある。親もはじめのうちこそ怒ったり、ぐちを言ったりするが、だんだん事態を深刻に受けとめて悩み苦しむようになる。数カ月か、数年か、お互いが苦しみ、傷つけ合う。子どもにとっては「見せかけの自分」をこわし、「ほんものの自分」をさがし出す過程である。

子どもが「ほんものの自分」を見つけ出したとき、親も子どものおかげで「自分が変わった」という人が多い。親も教師も自らの人生観を修正しないかぎりは、不登校の子とはつき合いきれない。

この話は一つの事例で、現代の思春期というのはボーダレスであるだけに、大人が「おれは大人だ」と高いところから見下そうとしたら、なかなか実像が見えてこない。「子どもはかくあるべき」という要求をひとまず横において、とりあえずいっしょに歩こうよ、という気楽さが、だいじではなかろうか。

(『生活教育』一九九四年六月)

見直そう親子関係

ある青年の来訪

十月初めの昼さがり、学校の受付に私への面会人がやってきた。行ってみると、背の高い見知らぬ青年である。私の部屋に通して青年の来意をきくことになる。

「僕、坂本豊といいます。中央大学の三年生で、法学をやっています。一度お訪ねしようと思っておりましたが、なかなか決断ができず今日になってしまいました」

いまどきの青年にしては折目正しい、ハキハキした話しぶりである。

「先生は僕のことなんか、ごぞんじないでしょうが、僕は多少知っていて、一度はお目にかかりたいと思っていたんです。僕は船橋市に住んでいまして、中二の七月から高校生にかけて登校拒否をしたんです。父はソニーの営業部に勤め、母は英会話学院の講師をしていて、友達が羨しく思うような、ものわかりのいい親たちでした。私が突然学校に行かなくなったのですから、両親はあわてて、あちこちに相談にも出かけたようでした。もう八、九年も前のことですが、新聞か何かで知って、丸木先生のもとに相談に行ったのです。眼鏡をかけた細身の女性で、坂本という者を覚えていらっしゃいませんか。何度か先生にお目にかかり、先生からのお手紙も何通かいただきました。僕も高校生のとき、先生にワープロの手紙を差し上げたこともあります」

この青年の話を聞くうちに、だんだんこの坂本豊という青年のことが思い出された。ワープロの手紙ということで、「他人に人の心の内側が理解できるはずはない」と、はげしく私をなじった文章だったな、と思い出した。

「そうそう君が手紙をくれたのは、高一のときだから、登校拒否はその段階では卒業したということかな」

「いえ、中学校は結局、中二、中三とまったく登校できませんでした。まあお情けで中学を卒業したことになり、市川の私立高校に入ったんですが、ここも一学期だけは無理して行ったんですが、あとは家にこもりきりになり、留年のまま自然退学になってしまったんです。そのころからバイトをしたり、教会に通ったりしはじめまして、まわりみちをしました。高一を二年くりかえして退学になり、それから大学に行きたくなって、大検ですから、ひとよりは三年もおくれてしまいました」

自分の思春期の彷徨《ほうこう》を冷静に、そして客観的に語るこの青年には、登校拒否時代の翳《かげ》りなど微塵《みじん》も感じられなかった。

私のカウンセリング

私が、この坂本青年の母親に逢うことになったのは、彼の在学する中学校の教師と知り合いだったことによる。

「いい子なんですが、突如不登校になった子がいるんです。その子の母親に逢ってやっていただけませんか」という電話をもらった。こうしたことから相談に乗ることになったわけだが、二年間に五、六回くらい逢っただろうか。

みるからにインテリで、上品なその女性は、その子のことをびっちり書きこんだノートを膝に、私の前にすわった。

「スポーツ好きで、頭もほどほどに切れる快活なあの子が、夏休み直前からパッタリ学校に行かなくなったというのが、親としては納得できない」ということであった。つまり両親には、子育てについて反省すべき点が思い当たらないというのである。一人っ子だから、欲しいものは買い与えたし、要求があれば、かなえる努力をおしまなかった。突然の登校拒否にびっくりしたが、それでも子どもの気持を忖度《そんたく》して、無理に登校をすることもすすめなかったし、いらいらしながらも子どもの前では悠然とした「ものわかりのいい親」を演じてきた。

「私どもは家庭には問題がないので、学校の人間関係とか、先生との間柄とか、学校生活の中に、何か問題があるのではないかと思うのです」

彼の中学校の教師は、「体臭の強い子で、夏になって汗をかくようになると、まわりの女の子なんかが臭いといって顔をそむけたりするので、とくに神経過敏な彼は、そのことを気にしたのではないかと話していますとのことだったので、私はその母親に「お子さんはとても神経質だったということはありませんでしたか」といったら、「それはありましたね、不潔恐怖といっていいくらいにきれい好きで、夜お風呂に入って、朝はシャワーを浴びるといった具合です」ということであった。

一時間ぐらいの面談であったが、そのほとんどが堰を切ったように話す母親の前で、私はまったくの聞き役であった。このようにインテリでものわかりのいい母親の息子には、神経質な者が多いというし、この母と子の関係もたいへんだろうという感想であった。

「なんとなく気持が明るくなったように思います。またお伺いしてもいいでしょうか」ということだったので、「いつでもどうぞ」といって帰ってもらった。

一カ月くらい経ってから、二回目に逢った。そのときは、息子はまったくの昼夜逆転現象になり、すっかり怠惰、無精になり、自分の部屋には布団は敷きっぱなし、掃除はしないのでゴミだらけ。茶碗やどんぶりがころがり、悪臭が鼻を衝く。自分の体は何時間もかけて磨き、母親のオーデコロンをつけるくせに、生活環境の清潔などにはまったくの無関心という。

私は愚痴をならべたてる母親に向かって、まだ登校拒否の第一期ですよ、昼夜逆転やと、じこもり、万年床なんかはおどろくに当りませんよ、お母さんの感覚ではがまんがならないでしょうが、だんだんストレスが高じたり、焦燥感がつのったりすると、お母さんに暴力を振ったり、物を壊したりするようになりますよ、と話をした。

この日も一時間余のうち、五十分ちかく母親の愁訴を聞いた。そして「またお願いします」といって帰っていった。母親は、自分の訴えに同意もせず、指導もしない私に不満をもっているな、と感じた。

三度目に来たのは、十二月の休みに入ってからのことであった。最近ではお風呂のとき以外は自室から出てこないし、食事は自室に持ち込むか、運ばせる。テレビもステレオも自室に持っていって、大きな模様がえをし、親の立ち入りも許さない。学校から呼び出しがあった、といったことから暴れだし、母親は足蹴にされて階段をつきおとされたといって、腕にはほうたいをしていた。

私は相変らず聞き役で、アドバイスらしいことはなんにもしなかった。

母親は帰るまえに、「主人が、もう東京まで相談に行くのはよせ、何か子どもの立ち直りのために役に立つならとにかく、なんにもならないじゃないか、そんなことで時間をつぶすのはもったいないと申しますのよ」と、ぼそっといった。登校拒否の切端《せっぱ》つまった思いの親には、効き目あざやかな薬はないわけで、いつかはこの親たちから、こんな不満が出てくるものと思っていた。

新しい親子関係

それから一カ月ぐらいあとのことである。その母親がやってきた。部屋に入るなり、夫のことで話したいという。

やさしい、ものわかりのいい父親で、大きな声など上げたこともなかった。それなのに息子の生活が荒れてきて、物を投げたり、母親に暴言を吐いたりするので、がまんできなくなったのか、ちょっとしたことで母親をどなったり、酒を飲んでおそく帰ったりするようになった。数日前も、「土曜日には教育相談に行ってきます」というと、「何の役にも立たないところに行く必要などない」と、いつにない調子で一喝したという。いつもは従順な母親なのに「いえ、私は行ってきます、すぐ解決策は出なくても、私の話を聞いてもらうだけで、私は気が晴れるんです、ほっとできるんです」とつよく反発をした。

父親は、おとなしいとばかり思っていた母親にさからわれて、びっくりするとともに孤立感を深めた。同時に、いっさいの原因をつくっている息子が急にうとましくなった。

風呂からあがって自室に引き揚げる息子にむかって、父親は、大声で怒鳴った。

「同級生はみな高校へ通って苦労しているのに、お前は毎日ゴロゴロしていて何だ！親がおとなしいことをいいことにして、一日中ゴロゴロして何やってんだ！　遊んでいるなら働きにでもいけ！」

坂本家では、学校に行かない子どもを責めないことが、暗黙の約束事だった。父親は怒りのあまり、このタブーをおかしたのである。

母親は「あなた、よして下さい」と父親をとめたが、息子はびっくりしたような顔で父親とむかいあった。そしてまるで気が狂ったように叫んだ。

「俺、怠けて学校に行かないいんじゃないよ、行きたいんだ、だけど行けないんだ。どうしたらいいんだよう、俺の辛さなんかわかるか！」

と怒鳴りながら、涙を流して父親にむしゃぶりついた。母親は「豊、ごめんなさい、落ちついて」と子どものうしろから抱きついた。父親もわが子の突然の攻撃に、びっくりしてひるんだ。

「俺に一日中ゴロゴロしているといったが、親父は何だ、テレビの前で何にもしないでゴロゴロしてんじゃないか！」

と父親の腕をつかんでゆすぶった。父親は子どもの手をふりきって居間の椅子にすわり、「おい、君たちもすわりなさい、すわって話そうじゃないか」と声をかけた。

「豊は、父さんはくたびれて、いつもテレビの前でゴロゴロしているとなじったが、父さんの会社も、だんだんたいへんになってきたんだ。コンピュータは、国際的な企業で、とても競争が激しく、朝一歩抜いたと思ったら、夕方には逆に抜きかえされているという具合だ。新聞に、ソニーとＩＢＭの創意と技術と資本の競争だ、と書かれてあったが、第一線の営業課長などというのが、どんなに辛い目にあっているか、君らにはわからんだろう。四十代後半の管理職の自殺やカローシがよく問題になるが、父さんだって仕事先で、骨身を削るようなこの辛さから、蒸発してのがれることができたらと何度思ったかしれないよ。父さんが豊に、学校にも行かないでゴロゴロしている、といったのは、言いすぎだったかもしれない。でも、父さんの毎日の仕事からすると、豊のような生活ぶりが我慢できないんだよ」

かねて泣き言なんかいったことのない父親なのに、このときはめずらしくホンネで、洗いざらいビジネスマンのやりきれない辛さをぶちまけた。

父親の前にすわって、母親も息子も、しばらく黙って話に耳を傾けた。坂本家というのは、ものわかりのいい人間たちの集まりで、お互いにお互いを大切にし、生地《きじ》のままにぶつかり合ったり、おなかの中をぶちまけて話すこともなかった。この日は父親の憤懣がはじけて、はしなくもお互いが腹の中を見せ合って語った。

坂本君は、この日のできごとを、つぎのように語ってくれた。

「お互いがぶつかり合って、僕にも普通の、生き生きした家族があったのだ、そして父親も毎日、苦労しているのだということが実感され、胸の中につまった鉛のようなものが消えた感じで、とてもすがすがしい思いがしました」

彼はこのときから憑き物がおちたようになった。しかしすぐ登校するようにはならなかった。しかし少なくとも家族の中のひとりとして「生きた人間」としてふるまうようになった。その後、私のもとを訪れた母親は、顔を輝かせながら、「先生、あの子が固い殻の中から出てきたのです」とうれしそうに報告した。

その子が早起きするようになり、自分で生活リズムをつくるようになった。そして日課の中に読書や勉強とともに、掃除、洗濯、買い物、食事の準備、ジョギングや教会行事などを自主的にいれるようになったという。

私は「やはり両親がものわかりよすぎて、理解しようとして対立をさけるというのも、よくないのですね」と初めて意見をのべた。

親子関係の組変え

私は昭和初期の山村に生まれ、村の学校に通ったが、少数の〝お大尽〟の家の子どもを除けば、みんな例外なく貧農の子どもであった。親も働けば子どもも働き、みんなで汗水を流したが、「藷飯《いもめし》」しか食えなかった。父親はどこの家でも、貧しさに怒っているのか無口で頑固で、子どもたちが笑声を立てていても、「男は一年に一度も笑えばいい」といって怒声を発したものである。

私たちの兄弟は、父親が家の中にいるときは、声も立てず、息を殺すようにしてすごした。母親は一日じゅう手拭をかぶり、土間に立って飯を食うほど多忙で、まともに子どものことなどかまってやれなかった。もちろん学校に来ることもなかったし、先生の名前も知らず、わが子の通知票を見ることもなかった。

村長がやってきて、夕飯どきに「あんたんとこの長男の画が、県の展覧会で金賞だったそうな、名誉なことばい」といったら、母は「そんじゃ、ゆくゆくは絵描きですじゃろか、絵描きなんちゅう怠け者は、好かんとですが」といったものである。つまり教育について、そのていどの認識しかなかったのである。どこの家でも、おおよそ似たりよったりであった。こんな中で子どもたちは、それぞれ思春期の峠をのりこえ、上級学級に進む者は進んで、それぞれに成人していったのである。

登校拒否とか、不登校とかいう現象があらわれるのは、大体、一九六〇年代以降で、戦前の日本にはなかったように思う。学校から逃避して家庭にとじこもるほど、家庭は理解もなかったし、裕福でもなかった。資本主義の成長期で、農村共同体が社会的特色であった時代というのは、「天皇制と家父長権力のつよい男性社会」であっても、「ひとつの文化」が安定していて、どこの家庭でも、子どもにその文化への同化をもとめればよかった。父親、母親というのは、父祖代々語り継がれた文化に規定されて「父親は無口」「母親は多忙」という、ふつうの現象を守って子育てをすればよかった。格別の努力なしに、子どもたちは家庭に反映している社会の文化（様式）の中で、成人していったのである。

ところが、戦後日本の伝統や文化、価値観は一変した。いや、とどまるところなく変わりつづけている。家父長制も、農村共同体も崩壊し、一夫一婦制と都市型社会が一般化し、私の田舎でも、老人と若夫婦は別居し、みんなが農外収入に頼り、野菜も漬物もスーパーで買う時代になった。核家族化、少家族、生活の合理化の中で、田舎でも母親は多忙から解放され、女性の地位も向上した。

しかし文化の型が定着していないし、少子、核家族だから、コーヒーをすすりながら親子が談笑したり、休みごとに家族でドライブに出かけたりするような無理はするのだが、昔の親子のようなリアルな紐帯《ちゅうたい》がない。お互いが気遣いし合い、相手の内面がわかっているようなふりをするといった、実感のなさ、そらぞらしさはないのだろうか。

いまは昔のようにものわかりの悪い、頑固な親はいなくなった。へたをすると突然不登校になるのではないか、おちこぼれるのではないか、と危惧して、父親も母親も子どもにたいして理解ある態度をとり、ものわかりのよさを示そうと努力する。

坂本家の場合でも、父も母も自分の生き方を見失わせる結果となっていた。子ども第一に、甘やかす親が多いが、それはわが子への定見がもてないからである。そんな親は子どもに馬鹿にされ、かえって軽蔑されることになる。

私の前にすわった坂本君は、「父も母も無理しない、自然体の姿をみせてくれればいいんですよ、子どもはみな生《なま》の反応を期待しているんですもの」といったが、それは当っているようだ。子どものために特別のメニューをつくらないで、むしろ忌憚《きたん》なくつきあえる家族をつくるべきではなかろうか。

子どもを可能性としてみる

人格は、人間が周囲の世界と共にする相互作用のなかで形成される。

（ルビンシュテイン）

子どもがみえなくなった

この数年、また学校が荒れてきたといわれます。十数年前の荒れた中学校を体験してきた年輩教師は、「以前のほうが凄かったけど、あの頃のほうがクロ、シロはっきりしていてよかった」と語ります。いまはそれほど大変な「問題行動」というのではなく、ゲーム感覚でふざけ合ったり、授業中お喋りをしたり、奇声を発したり、真面目を嘲笑したり、陰湿ないじめで楽しんだりということが多いといいます。

かつては「中学生で酒、タバコ」「高校生で売春」などで、びっくりしましたが、いまは二、三年早くなって「小学生のゲームセンター、タバコ」「中学生の麻薬、テレクラ、ポルノ」といわれます。こんな子どもたちに接していると「子どもがみえなくなった」「子どもの内面がわからない」というつぶやきも出るようになります。

以前、山形県新庄市の明倫中学校というところで、K君という中二の少年が体育館で級友七人の悪ふざけで、マットにさかさに入れられて窒息死するという痛ましい事件が起こったことがあります。そのとき体育館には部活の生徒が三十人ちかくもいたわけだし、K君が七人に〝一発芸〟を強要されるところも何人も目撃しているのに、七人の生徒を含めて誰からも反省の言葉は語られませんでした。私たちがこの件で知りえたことは、警察からの情報だけで、教師も学校も口を閉ざしたまま一言の情報も出さないのです。このことは加害者が名のり出ないこととともに、不思議なことです。

そして、同じ年の十一月には、西宮市で著名な将棋の棋士が、中一の息子に包丁で殺されるということがありました。この子は母親にも切りつけ、「お前らはいつも文句を言うばかりで、俺の行き場はどこにもないじゃないか」とわめいていたというのです。その後の警察の取り調べでは、犯行をいっさい否認、「誰か外から侵入して殺ったと思うよ」とうそぶき、調査官を唖然とさせたといいます。

つまり、暴力やいじめの質が変わったり、子どもの本当の姿がみえなくなったといわれたりすることは、子どもたちの感覚や感性がマヒしたり衰弱したりしてきているということではないでしょうか。日本の経済の高度成長は、物質的には豊かさをもたらし、幼いときから物質的価値を優先させるような風潮をつくり出しました。しかし家庭生活、親子関係、地域の友人関係などは形だけのものになり、精神的には充足されない状態がふえてきました。あまつさえ学校は偏差値アップをめざし、規則に順応することをもとめていますから、多くの家庭が「教育家庭」と化し、子どもに「高学歴」獲得をめざして、夜は学習塾に通わせ、家庭教師をつけて尻を叩くことになります。子どもたちの多くは、親の期待に背くまいとして、学校の秩序に過剰に適応するのです。

しかし、どんなに無理をして学校に適応しても、「学校知」による進路の選別はさけがたいのですから、やがて彼らは大人がつくった秩序に適応することを虚しく思ったり、大人に反抗したりするようになります。「みえなくなった」といわれるかたちで、彼らは一個の人間としての姿をみせはじめたともいえるようです。

「新学力観」のねらい

一九九一年の指導要領の改訂を機に「新学力観」なるものが登場し、その後の新学習指導要領改訂では「指導しない」ことが強調され、授業における教師のあり方を「支援」とよび変えるようにさえしてきています。「新学力観」のポイントは、「個性」を尊重し「知識・理解・技能」よりも「関心・意欲・態度」を重視するという点にあります。

一九五八年の学習指導要領改訂いらい、一貫して法的拘束力のもとでの「学校知」の注入が原則とされてきたのに、今回の「新学力観」は、「教える」よりも子どもが「進んでやる」こと、「思考力」「判断力」「表現力」を育てることを強調しているので、これまで画一的で硬直しきっていた現場は戸惑い、混乱しつづけています。

いったいどうして、このような政策の大転換がはかられたのでしょうか。九三年には「高校入試改善」の一環として、「画一的な学力テスト」を廃止する通知が出され、「新学力観」をキーワードとして、授業改革が推進されようとしています。このような点だけみると、七十年いらいの受験学力志向の歪みを是正しようとしているようにも思えます。

これまでの学校は、「学校知」の獲得競争に勝って、有名大学に入学できる青年を多く育てることが使命と考えられてきました。そしてその勝利者が、官僚や大企業のエリートと考えられてきました。ところが近年の産業構造の大転換、雇用構造の変化や企業の国際化進行などのなかで、偏差値学力だけが高く（人格や態度がともなわない）、有名大学を出たというだけの青年では、日本の支配層の後継者としての力量に欠けているのではないかという反省が強くなったのです。

国際競争に伍していける力量というのは、形のきまった「制度知」ではなく、「創造的能力」や「自己表現力」「人間関係調整能力」「技術革新への順応能力」などだということは、つねづね日経連や経団連などの幹部が強調してきたことです。

こうした企業の要求に対応し、あわせてすべての子ども・青年に一定レベルの「学校知」を要求することをやめ（能力別の棲み分けは高校のランクではっきりさせ）、全体的な学力要求と学力競争を緩和しようというわけです。つまり、子どもの変質と企業の要求と、二つの危機管理を併せてやろうとしているようにみえます。このことについて賛成はできませんが、その必然性は認めないわけにはいきません。心ある教師ならば、これまでも「知的到達」と共に「関心・意欲・態度」の形成に心掛けてきたのですから。問題は「新学力観」によって、子どもたちの現実は変わるかという点です。その答は「否」です。

子どもたちの「問題行動」は、今日の受験・管理体制の強い「縛り」からの脱出ということにあるのですから、そうした体質の転換こそが先決であるはずです。ところが「児童の権利条約について」という文部次官通知が「この条約が発効しても、学校生活や教育内容は変わらない」と打ち出したように、いまの学校体制を変えようとはしていません。きびしい管理主義はそのままに、「おおらかな自由化」を謳っているのですから、真面目な教師ほど混乱しています。

「新学力観」に鋭く反応したのは、授業改革の動向と、高校の入試制度、学校の多様化です。前者は、子どもの能力によって基礎学力の習得に差が出てもよいということであり、後者ではエリート高校への選別を固定化、習得する能力も「学校知」をこえた幅のあるものにされようとしています。

真の学力とは

学力問題には、質と量の両面があるように思います。受験学力の形成が異常に肥大した七〇年代以降、「落ちこぼれ」ということが社会問題化しましたが、これは主として学力の量的問題を焦点化したものです。

今日の「新学力観」は、一見、質的問題を問うているようにみえますが、一部高校のハイエリート化や大学院の拡充などをみると「能力の高い子には質も量も充実させる」「能力の低い子には量はいいから質を」というのがホンネでしょう。

文部省の発想とはちがいますが、民主的な学校、教師というのは、学力の質と量の統一をめざしてきたし、これからもそれが課題であろうと思います。

これを考えていく場合につき当たるのが、いまの「学習」というものが、子どもたちの生活の現実、家庭や地域の生活から抽象化されて、学習と生活の通路が遮断されているという実態です。

この夏休みに、外地の日本人学校につとめる教師と、それらの学校に子どもを預けている親たちの交流集会に出てみました。そこで見聞したことは、日本人学校という特別な学校では、生活からまったく乖離《かいり》した学校の矛盾があらわになっていることでした。どこの国の日本人学校も、帰国後に希望する高校・大学への入学を可能にするために、「受験知」だけの学習とテストの練習がくりかえされ、現地の子どもたちとの交流や地域の生活とつながるということが、いっさいないわけです。子どもたちは「教育家庭」の期待にこたえるために、熾烈な競争を演じ、「これでは、日本の○○高校は無理だね」といったことばに鋭く反応するそうです。

他の生徒におくれをとるのではないかという不安のなかにいるので、落ち着きのない子、神経症や心身症の子、不登校の子どもなどが少なくないということでした。

ドイツの作家ケストナーでしたか、学校に入ると、「子どもは生命の木から文明の缶詰工場に収容される」といったように思いますが、この日本人学校の話は、「知識伝達の工場」ということばを実感させるものがありました。

学力や発達を考える場合も、大前提になるのは、子どもの生活そのものを、彼らの発達にふさわしいものに変えていくことではないかと思うのです。

私自身のことで恐縮ですが、私は九州の山間地に生まれ、家が農業をいとなんでおりましたので、おさないときから、家事や家業の手助けをし、親や兄弟と一体の共同生活をし、ひまがあれば近所の悪童たちと、山や川を遊びまわって育ちました。学校の先生は学校を出たばかりの代用教員が多数でしたから、けっこう学校での学習は楽しいものでした。

子どもたちは、家庭・地域・学校を通して人間同士の交わり方、仕事にとりくむ手順、からだや手の技能、人生観や社会観といったものを育てられたものです。とぼしい文化内容の伝達だからといって、その後、学力的に不安を感ずることもありませんでした。

このような「生活の教育力」が一変するのは、六〇年以降の経済の成長による社会変化からです。現代の高度技術社会は、イコール高度消費社会で、空気も、水も、食物も、衣類も、いっさいのサービスも、みんなお金と情報化の管理化におく「人工化社会」です。かつて子どもたちは、食べ物、飲み物、読み物など、みな母親に用意してもらいましたが、いまは、それはコンビニが満たしてくれます。多くの子どもが個室をもち、冷蔵庫を自由に管理し、親に要求するのは「おいカネくれ」ぐらいなものです。親は子どもにたいして、「仕事をしなさい」「他人への思いやりがたいせつ」などとはいわず、もっぱら「宿題はやったの」「もっと成績をあげないと内申書にひびくよ」「またテレビみている。はやく塾へ行って」というように、学校の成績と進学のことだけを要求します。

学力というのは、いろいろな言い方があるでしょうが、「知識とそのうらにある論理」「それぞれの主題にそくした学び方」「積極的に学習する意欲」という三つの総体というふうに考えます。「知識・技能」はもちろんだいじですが、「受験知」といわれるようなハードルをこえる力というようなものに矮小化してはならないと考えます。

さいきん「早教育」と称して、特定の能力だけを早期に育成しようとする動きがありますが、人間の能力というのは、相互に結合して発達するのですから、生活に足をつけた実践的な活動を土台にして、全体的な発達をはかっていくことが、だいじではないでしょうか。特定の力だけを伸ばそうとすることは、今日の「受験知」の注入のように、子どもの発達にゆがみをつくります。

「草の根の教育改革運動」などといわれていますが、子どもの発達を、家庭や地域の生活を問い直すことから始める必要があります。学校の改革ももちろんだいじですが、家庭・地域の生活を真に充実したもの、民主的なものにしていくことが重要だと思うのです。

子どもの権利に応える学習の創造

「子どもの権利条約」は、「子どもの最善の利益」をはかることを第一義的課題としなければならないとしています。このことを、私たち自身が立っている現実から考えてみると、容易ではない課題をつきつけられていることが実感されます。

とかく「子どもの権利条約」の主たる対象は、飢餓と貧困で生存権がおかされ、学校に就学することもできない「第三世界」の子どもであって、豊かさのなかで生活し、安心して学習できる「先進国」の子どもではないと考えられがちです。たしかに、「先進国」日本の場合、一見「豊か」ではありますが、「子どもの権利」がだいじにされているかといえば、けっしてそうではないと思うのです。

日本の子どもたちは、高校・大学への進学率が高くなるにつれて、受験体制によってしめあげられ、窒息しそうな状況にあります。

「子どもの権利」をだいじにした学校教育というのは、子どもを学習の主体に位置づけ、子どもの側から「学び」というものをとらえ直すことでなくてはならないのです。

「子どもの日」に行われる「子ども希望調査」では、「もう少しのんびりさせてほしい」「ときには存分にねたい」「先生やお母さんはあまりガミガミいわないで」といったことが、つねに上位にならびます。

日本の子どもたちの多くは、飢餓や貧困に追いつめられてはいないものの、子どもの人間的な諸権利が侵害されていることは、たしかです。子どもは、大人への発達の過程にありますから、保護されなければならない側面を多く持っていますが、それなりの生活の担い手でもあります。つまり、生活主体なのですから、子どもがどんな生活をし、どんな経験をし、どんな力量をもち、どんな要求を抱えているかを、子どもの立場に立って汲みとる必要があります。

教育学者の川合章氏は、つぎのようにのべています。

生活は、人間の存在そのものといってよいほど広範な意味内容をもっている。しかし同時に教育がたんに身の飾りのためでなく、人びとの生活の拡充・発展・人間的自由の拡大に寄与すべきものである以上、一切の教育活動が生活を基礎としなければならないことは当然である。

（『生活教育の理論』民衆社）

これは「生活教育」を考える場合の基本的原則ともいえるものです。この原則は「子どもの権利条約」の理念とまったく一致するもので、「子どもの権利」を尊重する「子どもの学習権」をだいじにするということは、子どもの生活に根ざし、子どもの要求に即して、子ども主体の「学び」をつくっていくことといえます。

一つの例を挙げます。「学習して発達する権利」というのは、すべての子どもにあてはまることで、障害児の場合も例外ではありません。

和光小学校にI君という「ムコ脂質代謝異常」の子がいました。簡単にいえば、細胞をコントロールする酵素の異常で脊椎が曲がり、身長も一メートルそこそこで、体重も普通の子の半分以下でした。しかも病気は進行性で五、六年生の頃には歩行も困難になり、教室でもすわることができなくて横たわっているという状態でした。

六年生は、十月に「沖縄平和学習旅行」をしますが、誰の目にもI君の参加は無理だと思われていました。本人も諦めていましたが、そのときが近づいたら「僕も行きたいよ」といい、仲間も「みんなで面倒をみるからI君もいっしょに」といいはじめました。お母さんも「許されるものなら、私もおんぶしていっしょに行きます」と申し出られました。

そして、担任教師やお母さんがI君をおんぶするという、異例の旅行が行われたのです。つまりI君の生活をふまえ、その要求を汲んでこの「学習」は展開されたのです。

I君は感想文の中に書きました。

「先生におんぶしてもらって、チビチリガマに入り、そこで死んでいった人びとのことを思い、命の大切さを実感しました」

学習の主体は子どもですから、彼らの要求を正しく受けとめることが学習の出発点であり、そのことが子どもたちに「学び」の喜びや希望をもたらすものといえましょう。

未来の課題

多くの学校で行われている授業は、受験に即応するだけの抽象的・形式的なものになっています。教師が主観的に、そこでつくられるものを学力と思いこんでいるだけで、ペーパーテストには役立つかもしれませんが、「生きる力」に還元されることは期待できません。やはり、現実の生活や労働に対応する授業でないかぎり、子どもが主体的になり、能動的に学習するということは考えられません。授業という名で「学校知」の詰め込みを行い、その習得量をテストで測って序列化するということのくりかえしをおこなってきた結果、子どもは進んで学習に打ち込むことが少なくなりました。また受動的で、よそよそしくふるまうようになってきました。そのことを深い部分で反省せず「新学力観」政策で糊塗されようとしているのです。

「生活教育」に否定的であった人びとも、こうした現実を変えるのに「子どもの豊かな発達には生活体験の教材化」が必要といったり、「原体験は子どもの生き生きした学習姿勢をつくる」などというようになりました。これは子どもを含む現実の生活が、科学や文化を学ぶ場合にも重要なファクターであるといっているわけです。

もう一つ、これからだいじになることは、人類や地球そのものの存在が危機的になっているとき、子どもというのは「未来の世代」ですから、未来社会に対応する「生活」という観点も必要になってくるのではないかと思うのです。

私の高校三年の「現代史」の授業で、「ぜひ学習したいテーマ」ということで書いてもらったら、高橋さんという子がこう書きました。

……いま私たちが直面している最大の問題は、地球汚染だろうと思います。一体どうしたらきれいな地球がよみがえるか、このことについて学習したいです。地球汚染は、軍拡競争、技術革新などによって急速に進んできたと思います。地球がもっているエネルギー資源は大量に消費され、空や水や土、海洋を汚染し、森林の伐採、砂漠化の進行をもたらしたように思います。このまま汚染が進んだら、私たち子どもの世代、次の世代は生存することもできなくなります。私たちはテレビでモザンビークやルワンダの飢餓状態の人びとを見ていますが、このことは地球環境問題のもとをつくった先進工業国にこそ重い責任があると思うし、日本も、積極的な解決をしていかなくてはならないと思います。……

私たちは、この高橋さん他数人の意見をもとに学習をしましたが、主たる学習事項は「資源の浪費、オゾン層の破壊などは、人間の未来にはかりしれない危機をもたらす」「環境の破壊は、子ども、老人、貧しい人びとなど弱者に大きな被害をもたらす」「未来の大人である子ども、未来の大人こそ強く要求をだすべき」「人類は生存できるか——高校生のサミットを開け」などでしたが、かなり深い討論が展開されたと思っています。

「生活」をいまの生活だけでなく、「未来につながる生活」という観点からとらえ、「次の世代の生活」という観点からの「生活教育」も重要ではないかということです。

教師の満川尚美さんの「総合学習」(『新学力観とわたしたちの教育実践』あゆみ出版)での「ゴミの学習からリサイクルへ」の実践は、「不用品を集めてリサイクル商品をつくりバザーをする」という学習で、学級みんなの知的好奇心を掘り起こし、やがては学習を深めて「自然は何をリサイクルするか」というエコロジーの実験にとりくみ、「みみずのはたらき」などを問題にしています。

和光小学校でも「環八《かんぱち》白書」や「多摩川の研究」などの「総合学習」の実践が注目されましたが、これからはあらゆる領域で「未来の課題にこたえる生活教育」の実践が増えることを期待したいと思います。

(『生活教育』一九九五年二月)

子どもをみる目

現場の先生と話していると、よく「近ごろの子どもは何を考えているのかさっぱりわからない」とか「こんなことをやるなんて子どもがみえていなかったわけです」とか、よく言われる。教師の仕事というのは、子どもとかかわって人間変革の営為《いとなみ》をすることだから、相手の子どもがみえなければ、仕事にならないはずである。

「子どもがみえない」という中にも、教師の仕事が一方的に教授して、管理するだけという形式的な仕事になってしまっているから、「みえない」ということにもなるのだろう。子どもと深くかかわって質のいい仕事をしていても、子どもの変化が急で、問題行動があまりにも多様化してきていて「とても理解できない」ということから、「みえない」という場合もあるだろう。

とにかく、子どもの呈する現象だけでなく、それを引き起こす本質までも掘り下げて、子どもをつかもうとする子ども理解、こうした姿勢がないと、ほんとうの子どもというのは「みえない」。

子どものこころ

埼玉県川口市で小学校教師をしている先生から、手紙をもらった。教師になって三年目、少し仕事にも見通しがもてるようになって、五年生の担任として、はりきって新学期を迎えたのに、二カ月足らずで「登校拒否の心境」というのである。

学級にいろいろな問題が起こりつづけ、教師はその処理にふりまわされて、はじめに考えたような学級集団づくりも後まわしだという。授業中はおしゃべりが多く、それを注意していると、それだけで疲れてしまうし、進度は少しもあがらない。黙っていると、なめてかかって立ち歩いたり、水飲みに出ていったり、大声をあげてつかみ合ったりする子もいる。このようなことではどうしようもないので、学級会で話し合いをしようとするのだが、ほとんどの子が、自分には関係がないという顔で、時計をみたり、手遊びをしたりしている。教師がどなれば、顔を見合わせながら嵐が過ぎるのを待っている。だから翌日には、またちがった問題が起こる。

シャツ、玩具、マンガ本、野球道具などの中古品の店開きをする子がいる。「学校でこんな商売をするのはおかしいよ」と何度言っても、「大人はみんな金儲《もう》けしているのに、子どもがやってなぜ悪い」「不用品の活用はいいことだよ」と激しくきりかえしてくる。

とにかく、いまの子というのは、金でしか遊べないし、友だち・仲間をつないでいるのも金で、金のことになると多くの子が目の色を変える。

学級委員を選ぶと、野球カードで賭けたり、ファミコンのベテラン、やくざのような小集団のボスなどが当選する。まじめで正義感のある子は「クラーイ」「ダサーイ」「オモシロクナーイ」などといって排除される。だから、まじめな子たちは、沈黙して無関心になってしまうという。

こんな状態に対して拱手《きょうしゅ》しているのでなく、「学級の現状はこれでよいのか、みんなで考えよう」などと学級通信でアピールしても、「この若僧、バカ!」「ざんげ、ざんげ」などと嘲笑と揶揄《やゆ》を誘うばかり。「ガミガミどなってばかりで、ちっともおもしろうない、セン公なんてやめたら」などとひどいことをいう子もいるという。こうなると、寄ってたかって若い教師をいじめているようなものである。

子どもとの関係がうまくいかなくて、心身ともに疲れはてている教師というのは、かなり多いのではないだろうか。

教師と呼ばれるようになると、未経験の若いひとでも「私は教師なのだ」と、自分を絶対的な立場、一段と高みにおいて、ものをいうことが多くなる。なめられたらいけないという気持ちもあって、「静かにしなさい。いつまでしゃべっているんだ」と大声で制止したりする。子どもからすると近寄りがたくて「若いのに、お説教ばかりして」という思いで、エラーイ、エバッテル、ザンゲ！ などと不まじめなことばも発せられる。教師に距離をおいて、本音を吐かないで、自分をみせたら損をするという態度をとることになる。

発想の大転換で、人間というのはみな不完全だ、子どもの世界は問題だらけだし、教師にしても多くの不十分さをもっていると思いこむことが大切ではなかろうか。

「先生だって足りないところだらけだ、だから過ちをするのだ、君たちが問題を起こすのは当たりまえだ、少しずつ直していこうよ」

こういう姿勢だったら、子どもにも寛容で温かくもできるものである。教師という肩書で虚勢でつっぱるのでなく、「いっしょにがんばろうよ」という肩の力を抜いたかっこうだったら、子どもはなれなれしくなる面はあるだろうが、自分の本音をいうようになるものである。そうなると、だんだんと子どもが「みえる」ようになる。

信頼関係の中で

佐藤先生はベテランの女性教師である。久しぶりに小学校一年生の担任をして三学期を迎えたのだが、「この一年はしんどかったな……でもこれまでの教師生活でいちばん楽しかったともいえますね」と語ってくれた。

正直いって子どもの中には、手のかかる子と、あまり手のかからない子というものがいるものである。教師が学級集団づくりに手を焼いて、しんどい思いをするのは、手に負えない問題児がいる場合である。佐藤先生の話によると、今年の佐藤学級には、保夫（通称ヤッチン）というかなり手のかかる子がいた。

入学に先だって行われる検査では、知能指数七五、言語障害（緘黙）、境界線児で、「養護学校（養護学級）への入学が適当」という判定であった。佐藤先生は、検査に立ち会って、この判定に不満であった。たしかに保夫は何をたずねてもノーコメントで、知能もおくれているようにみえるが、子どもたちの中で遊んでいるところは活発だし、ときどきみせる笑顔は、じつに生き生きとしている。父と母は離婚して、生まれたときから母子家庭で育つが、食堂で働く母親は忙しくて、祖母の手で育てられる。母親とはことばを交わすおりもなく、祖母は耳が遠いので、ほとんどテレビに守《も》りをされながら一人遊びで過ごすことになる。児童相談所の調査書には、つぎのように書かれている。

「乳児から幼児にかけてことばかけ、子どものことばへの応答などが欠けていたために、言語反応が微弱で語彙《ごい》がきわめて少なく、正確な知能の数値も測りがたく、緘黙的状態でまわりの大人にも心を開かない」

佐藤先生は、保夫の現状はたしかに「境界線児」だが、それは家庭の教育力に問題があり、そのための発達おくれではないかと判断した。遊んでいる保夫は楽しそうで、発達の可能性を示唆していた。

人間らしい温かい環境の中で育てれば、保夫はかならず自己表現するようになるし、可能性の芽が出てくるというのが、佐藤先生の信念のようなもので、校長にも率直に進言して、保夫を自分の学級にいれた。「たいへんかもしれない」と覚悟はしていたが、入学式の当日から保夫にふりまわされることになる。

大勢の中にいることに興奮したのか、じっとすわっていることができず、ライオンのように吼《ほ》えて、人の集まっているところに駆けていく。制止する者がいると、相手かまわず体当たりをして、たたいてまわる。一週間もたつと、鉛筆で突いたり、定規でたたいたりすることを覚え、学級や学年の子の多くが被害者になった。鉛筆の芯で軽いケガをさせられた子も数人出た。授業中でも気が向かないと、運動場に出てぶらぶらするし、木の枝に登ったり、下駄箱をあらしまわったりする。

職員室では、毎日のように保夫についての苦情が出る。多くの教師が、佐藤先生がよけいなことをしたばっかりに……と責めているようである。佐藤先生は、保夫がどんなに迷惑がられても、かならず変わってくるんだからと、保夫の変化に期待をつないだ。

なにか仕事をさせなくてはと思い、「保健係」にして、保健室に日誌を届けさせる。養護の田上先生は「ヤッチン、ちゃんとできるのね」とことばをかけて、やさしくしてくれる。田上先生が不在のときは「オランカッタ、ヨ」とさびしそうである。

子どもの世界というのは、とても温かいし、また一面では、とても手きびしい。保夫のことで「先生、ヤッチンね、足し算ができたよ」とかいって率直に喜んでくれるし、「ヤッチンは掃除のときにチャンバラごっこをやった」「授業中にさわぐので、うるさくてしょうがない」「女の子に乱暴する」などと吊るし上げをくうこともある。

仲間から認められたときの保夫は、いかにもうれしそうだが、注意をされたときには、しょんぼりしている。佐藤先生は、「保夫もやっとここまできたんだから、もう少し温かくみてよ」というのだが、子どもたちは「先生、甘やかしてはだめ」といって、保夫にも容赦がない。

佐藤先生の「保夫もみんなと少しも変わるところのない、いい子だよ」という保夫への信頼、学級の子たちへの信頼が、子どもたちみんなに浸透していく。子どもたちはそんな中で、保夫に温かさときびしさで接する。

こうして、ほかの子よりも少しおそいが、文字を書いたり足し算ができたりするようになったし、日常生活の中での奇矯な行動もみられなくなった。先生や仲間と自然な人間関係がもてるようになったら、秋の運動会のころから「シェンシェイ、ナワトビ、デキタヨ、五カイダヨ」などとポツリポツリ会話ができるようになった。

つまり保夫は、佐藤先生との信頼の絆《きずな》、仲間との交流の中で、しだいに人間関係を獲得したのである。

佐藤先生が「楽しかった」と言ったのは、子どもの心が「みえた」ということであろう。

(『児童心理』一九八九年四月)

教師に求められるもの

子どもをありのままにみる

中学二年を担任しているＭ先生のことを書くことにする。

この二年二組というクラスは、一年のときはきわめて評判が悪かった。

中学校には、自己顕示欲が強い生徒がいたり、女子の私的グループの勢力が強く正義派をのけたり、授業中も私語がやまなかったり、二、三のボスが自由な発言を封殺したり、という場合が多いものである。こうしたことが思春期の一つの特徴でもある。この二組に、こうした扱いにくい生徒がごっそり集まったのである。

一学期からドロップアウトの傾向がみえはじめ、先生たちはこのクラスの授業というと、なめられまいと身構えるし、授業から職員室に帰ってくると、みんな一様に「疲れたな」と椅子にどっかとすわりこむのだった。いまは、どこの学校にも「ベル着席」などという申し合わせがあって、授業のベルと同時に自分の席で授業開始を待つということになっているが、このクラスだけはベルが鳴っても廊下でガヤガヤしているし、教師は「さあ始めるよ」と教室に入れるのに一苦労。そのうえ、立ち歩く子、大声で叫ぶ子、立ち話をしている子などがいて、なかなか授業にならない。

一年間をふりかえってみても、入学式が終わったばかりのころに、女子更衣室にスプレーで落書きをする事件が起こり、夏休みまでの間に駅前の自転車を盗んだり、スーパーで万引をしたり、禁止されている買い食いをしたり、上級生とケンカをしたり、音楽の授業をボイコットしたりなど、間断なく問題をひき起こした。

担任教師も、学年の先生たちも、なんとかしようと躍起になるのだが、二学期、三学期にも、集団で近くの中学校の生徒といさかいを起こしたり、駐車場の教師の自動車にいたずらをしたり、ある教師が怒鳴ったのが気に入らないといって、全員が校庭にたむろしていて教室に入らなかったり、食堂の食券を大量に盗み出したり、という事件が起こりつづけた。このようなことが重なるたびに、二組の戦歴に箔《はく》がつき、教師たちは例外なく二組を特別視するようになった。運動会、文化祭、演劇祭などの学校行事では、服装、態度、集合の仕方など、二組が一つの「島」を形成するのだが、上級生もおいそれとはこの「島」にかかわれない。

「みんなが白い目で見て差別をするのなら、俺たちはみんなが困るようにやってやろうじゃないか」

二組というクラスは結集力のあるクラスで、まわりが「あのクラスは」と特別視すればするほど、反体制的な方向に反発のエネルギーを噴出させていった。

惨憺たる状況で、一年が終わった。学校担任も、事態を収拾できず学級再建の見通しがもてないということで、交替することになった。

二年生の四月から担任をすることになったのが、数学のM先生である。教師集団の大半が「M先生かわいそうに」という同情の気持ちであった。三十代半ばのM先生は、東京下町の「底辺校」といわれる困難校（高校）で十年ほどの経験をもつ先生で、この中学では二年目である。

サッカーで鳴らしたとかで体軀堂々。スポーツ刈りでジャンパー姿。些事《さじ》に動じないでつねに悠々。口数は少ないが、教科通信は定期発行だし、実行力は抜群。灰谷健次郎の大ファンで、『兎の眼』などは要所を暗記しているほどである。

みんなの心配をよそに、M先生は、別段緊張するような様子もなく、二年生になった二組を受け持った。

四月の新入生歓迎小運動会では、M先生歓迎のノロシをあげるように、二組の連中は全校の目をみはらせるようなことをやらかした。ムカデ競争の判定の不満に端を発して、騎馬戦でラフプレーをやって審判の教師と一触即発になり、やがては全員リレーのときは、抗議をこめて反対方向に走りつづけた。運動会後、教室でえんえんたる学級討議をやっていたが、誰の目にもM先生の前途の多難が思いやられた。

ところが日が経つにつれ、みんなの予想に反して、この学級が落ち着いてきたのである。学級の謀反の張本人とみられた矢口哲夫（仮名、以下すべて同様）、神田康夫、下条悟、上村聖子、吉田絹江、唯野喜美らの面々を、よく職員室前の廊下でみかけるようになったし、M先生を囲んでにこやかに談笑しているところをみるようにもなった。

M先生は名前を吾郎というが、朝から二階の窓にならんだ二組の女の子たちが「吾郎、おはよう！」と声をかける。自転車通勤のM先生は、上を見上げて手を振っている。

M先生が二組に特別にやっていることといえば、毎日昼食をいっしょにとりながら生徒たちの話をきいてやることと、月曜日と木曜日の放課後、数学と英語の補習をやることの二つである。二組の生徒たちは、教師たちとのミゾを意識し、いつの間にか敵対意識をもっていたようで、「セン公なんて信用できないや」という気持ちが共通している。M先生もはじめは同じようにみられたようだが、だんだんと変化してきて、先生のなかには生徒の仲間もいるんだとみられるようになってきた。

悪ガキたちをひきつれて歩いているM先生の様子は、まるで弟妹につき従われた兄貴という感じである。

たまたま合宿で同じ部屋になったM先生に「中学生と仲良くする秘訣は」とたずねてみた。しばらく思案していたM先生は、ぼそっと「それは子どもを、ありのままにみるということじゃないでしょうか」と答えた。それについてのやりとりでM先生の考えをまとめると――

「教師は生徒たちのことを十分に知らなくてはなりません。でもそれは他人からの情報でなく、自分自身の目、耳、皮膚感覚で、ありのままにみる必要があります。私の学級は、先生方の先入観でとらえられていたので、みんなが反発したのではないでしょうか」

私は、若いM先生の「子どもを自分でとらえる」という信条に、不思議な感動を覚えた。

扱いにくい子にこそ目をかける

四十数年も昔のことだが、教育学を教えてもらった三浦強助先生の口癖は、「扱いにくい子にこそ目をかける教師になれ」ということであった。

学級を受け持ってみると、どこの学級にも「服装のよくない、成績も悪い、素行もよくない、ひねくれた、誰もが疎んずるようなどうしようもない子」というものがいるが、教師というのは、従順な優等生が好きだから、こうした「扱いにくい子」を眼中におかないものだ。しかし教師が、学級のなかの「はみ出し者」に特別に関心をはらい、そんな子をだいじに育てようと努力していると、学級というのはよくまとまるようになるものだ。三浦先生の見解というのはこんなことであるが、私は教師になってずっと、この話を自分のなかで問いかえしつづけてきたように思う。

M先生のクラスのことにかえって話してみよう。このクラスの上村聖子、唯野喜美、吉田絹江という三人の女の子の中心は、上村である。

身長一六五、体重五六キロの堂々たる体軀で、髪は茶褐色に染め、長髪を無造作に束ねた独特のヘアスタイルをしている。母子家庭で、母が水商売をしているので、家事は万般この子が受け持っている。遅刻も多いし、忘れ物も多い。授業中はつまらなそうな顔ですわっているだけで、成績も最低である。中学二年生の級友からすると、生活経験が格段にちがうようで、学級での話し合いなども「このクソガキどもが」という顔で、いつもシラケた様子で傍観している。議長が「上村さん、さっきから笑っているけど、何かありませんか」と水をむけても「いや、べつに」と話にのってこない。とにかく内面の屈折の大きい子で、俗にいう「扱いにくい子」なのである。

いつのまにか醸成された学級の冷たい目を意識してか、この子は何をするにも挑戦的態度をとる。この上村のまわりに、唯野と吉田が、金魚のフンのようにくっついている。私的グループというのだろうが、この二人はボスの指図のままに動くのである。一年生のときの音楽の授業のボイコット、スプレー落書き、食堂の食券万引などの事件のとき、この三人はいつも中心になっていた。

M先生の人柄、生徒への姿勢で学級が大きく変貌していくとき、顕著な変身をみせるのは男の子である。M先生が体軀堂々で男っぽい、男性らしい教師であるだけに、男の子の変身願望もくすぐったようである。それに比して、女の子の変化というのは微弱である。少し距離をおいてうさんくさそうに事のなりゆきをみている。上村聖子たち三人は、学級の雰囲気が変わっていくことに反発するように、昼の時間の話し合いも黙って、そこにいるだけ、せっかくの補習にも出ようとはしない。明らかにM先生を無視するというよりも、反抗するという態度である。

事件が起こった。上村たち三人が、体育館の裏に学級委員の近藤あやを呼び出して暴力をふるったのである。近藤が朝の会のときに「上村さんがサボったら、唯野さん、吉田さんもいっしょに帰ったけど、掃除をやらないというのは問題ではないかと思う」と言って、三人の反省を迫ったことに端を発する。明らかに上村たちが悪いわけで、近藤を呼びだしてリンチにかけたというのは腹いせである。

近藤の友だちが二人かけつけたので、事は大事にいたらなかったが、近藤は上村から「事実をたしかめてから、ものを言いなよ」と言われて一発殴られたという。

職員室では、「この際、上村たちを徹底的に追いつめるべきだ！」という意見が多数であったが、当のM先生は悠長な構えで、「何か手をうたねばと思ってきたんですが、上村たちには何もしてやれなかったですものね。僕の手抜きですよ。手抜きをすると、必ず見返りがくる。教育というのは因果なものですね」と言うのである。

そして注意をした委員に暴力をふるうのはまちがいだが、だからといって、ここで上村たちを徹底的に追及しようとは思わない。理屈では「悪かった」と言わせることができても、彼女らの内面では、自分たちがみんなから白眼視されているという思いは消えないだろう。いまだいじなことは、「そんなことをしたくなる気持ちを肯定してやり、むしろ、こんな子をかわいがってやることではないでしょうか」と言うのである。

これをきっかけに、上村をはじめ集団からはずれがちな五人の子どもに対するM先生の話しこみが始まった。M先生は、よく「子どもの目の高さで話をする」と言うが、このことは教師の言いたいことで話すのでなく、子どもの訴えをきいて話を交わすということであろう。「良い子というのは、教師に合わせる子、悪い子というのは、自分に正直な子かもしれない。扱いにくい子ほど、教師に認められたいと思っているんですね」と、M先生は述懐していた。

みずみずしい人間性をもちつづける

M先生は、こんなことを言ったことがある。

私は東北の田舎育ちでしょう。家は農業でしたから、私が育つころまでは家族がいっしょになって働いていました。半農半商の田舎町ですから、学校ではわれわれ農家の子は臭いなどといって蔑《さげす》まれ、成績もたいてい町の子のほうが良かったものです。

学校というところは、貧しい家の子、勉強の苦手な子、ひねくれている子、そんな子を厄介者扱いするのですね。私なんかも厄介者扱いされましたから、家では親の手伝いをする良い子だったんですが、学校では先生方を困らせるようなことばかりやってきました。

先生は自分にすり寄ってくる子だけを、かわいがる。だから私なんかは反発して先生を手こずらせたんですね。子どものころ、疎外された哀しみを味わったことが、いまは生徒とかかわるのに、とても良かったと思っています。つまり、私自身が出来の悪い子、ひねくれた子という、いわゆるワルだったから、そんな子どもの抱いているやりきれなさ、哀しさみたいなものが、自然にわかるような人間になったともいえますね。

それに私は、大学は農学部であって、教師になるすじみちでいえば傍系の人間なんです。教育学部出身の人間には、どうも教師の臭味が強すぎるように思うのです。そりゃ指導の理念や技術は私などより、はるかに上でしょうけど。教師のなかでも、教育学部出身はプロフェッショナルで、傍系の人間はアマチュアなんです。ところが子どもに接するときは、プロでありながらアマ意識をもちつづける人間のほうが、幅があって、子どもに受け入れられやすいように思いますね。つまり、いつまでも人間的な温かさをもっているということでしょうか。

教師というのは元来、低学力の子、態度の悪い子、ひねくれた子など、つまりアウトローの子どもとつき合うことが苦手である。教師というのは知的な稼業だから、学生時代に、勉強のできないやりきれなさなど、体験したことがあまりない。だからアウトローの子どもの気の重さ、つらさなど、そんな子どもたちの側に立ってわかることができない。

ところがM先生の日常をみていると、身構えないで子どものなかに入っていき、上村聖子や唯野喜美たちのように、執拗に先生に抗《あらが》い、学級の雰囲気を破壊する子があらわれても、絶対に怒らないで「あの子たちは淋しかったんでしょうよ、私の手がまわらなかったんです」と言って、むしろ自ら頭を下げながら、この子たちに近づいていく。そして辛抱強く、この子たちの内面にたまっていることを聞いてやる。

こんなM先生の姿勢も、先生自身が言う「私自身の子ども時代もワルでしたから」とか

「教育には素人の傍系の出身でアマですから」というようなことからくるのだろうか。とにかく、教育の理念や技術でなく、無手勝流でまさに人間的臭味プンプンである。

「教師は労働者である」と言われる。教師といえども、自らが生産手段をもたず、労働条件のすべてを外から規定されていることからすれば、労働者であることにちがいはない。ただ教育労働というのは、物的価値の生産とは根本的に異なる。教育労働というのは、教師と子どもが人間的に結びつき、教師という人間が、子どもという人間に、人格的に影響をあたえていくことが根本にある。教師が子どもを豊かにするという一方的な仕事でなく、教師が子どもに学びながら、自らの指導計画や技術について、反省と検討をしつづけるということもふくめられる。教師の仕事が、労働者か、聖職者か、として論じられるのも、このような仕事の独自性に由来するからであろう。

（『児童心理』臨時増刊号、一九九一年四月）

II

人それぞれに花あり

沖縄とわたし

沖縄とわたし

戦後の日本にとって、沖縄は隔絶された地球の涯《はて》の土地であった。新聞やテレビ・ラジオでも、報道されることはなかった。占領しているアメリカそのものという印象であった。知ろうにも知りようがない、旅行しようにも、「外地」以上に制約が大きかった。

外務省の話では、「旅行は、行政的な仕事以外では許可できませんね。飛行機では羽田—那覇は三時間だけど、羽田までが何年もかかりますからね」ということであった。駄目だとわかっていても、私の沖縄を憶う気持ちは、かえって強くなっていった。

一九六〇年、日本では「安保闘争」の火が燃えさかった。スローガンの最後に「沖縄復帰」が一項加えられた。この「安保闘争」を機に、当時の社会党と沖縄軍政府とが急接近した。新聞に「沖縄復帰」の交渉役は社会党だと書き立てられた。そして代表団を六一年六月に沖縄に送ると書かれていた。私は矢もたてもたまらず、社会党の馬場昇氏を事務所にたずねた。同郷のよしみで、馬場氏はこころよく私に会ってくれた。

私は、沖縄に行きたいので、社会党訪問団の一員に加えてくれるよう、格別に骨折ってほしいと頼みこんだ。私の勝手な、一方的な話を黙って聞いてくれて「数日間、待ってほしい」という返事だった。

こうして馬場議員の同行者ということで、一九六一年六月二十二日に、私は沖縄に赴くことになった。

なぜ私が沖縄に恋いこがれたか、少しばかりふれておかねばなるまい。

一九四三年十月二日、政府は「学生、生徒の徴兵猶予の停止」を打ち出し、俗にいう「学徒出陣」が行われた。学生、生徒約十五万人が強制的に入隊させられ、幹部候補生、予備学生教育を受けることになる。約八カ月間の速成教育で、激甚をきわめる第一線に投入されることになった。

私は、熊本陸軍予備士官学校で速射砲隊の教育を受け、一九四四年九月に都城《みやこのじょう》七一部隊五〇三一部隊に配属、見習士官としての実地訓練を受けた。

十二月ごろ、私たちは沖縄派遣第二四師団第二二連隊付の発令を受け、亜熱帯の沖縄に行くということになり、あわただしく夏物の下着、防暑服などを受領した。

十二月二十日、灯火管制下の西鹿児島に着いたのは、知念清一《ちねんせいいち》、松田和友《まつだかずとも》、仲村正儀《なかむらまさよし》と私の四人であった。

軍の宿泊所にいっしょに泊まることになり、ちかくの小料理屋でビールを汲みかわした。私は、そのとき大隊本部に呼ばれて「千葉出張」を命ぜられていた。

沖縄に赴く戦友と別れたり下給品のビールを抜きて

とうたったが、それから私は東京行きの急行列車に乗り、知念、松田、仲村らはこの港から沖縄に出発した。

私が東京から帰着、鹿児島から沖縄をめざすころには「輸送の船舶は皆無」という戦局になっていて、薩摩半島吹上浜《ふきあげはま》に配置された第一一〇師団に転属になる。私は知覧《ちらん》陸軍飛行場の警備を命ぜられるが、鹿児島で別れた三人の戦友のことが、私の脳裏から消えることはなかった。

私が知覧の警備に当たったのは、一九四五年三月末から七月末までで、沖縄に向けて連日、特攻機が出撃した時期にあたる。正直にいって私の主要な関心は、沖縄守備軍の状況、もっといえば戦友たちの生死そのものであった。五月二十二日、首里司令部陥落、六月二十三日、摩文仁《まぶに》司令部陥落で沖縄戦は終わった。

私が沖縄を恋い、沖縄を訪ねたいとねがうのは、戦友の安否をたしかめる弔いの旅であったからかも知れない。

忘れもしない、私がはじめて沖縄を訪ねた「一九六一年六月二十二日」、すでに戦後十六年も経っていた。まだ肌寒かった東京を飛び立って数時間、私は生暖かい南国の風に吹かれ、沖縄というところは何と近いところかと実感した。飛行場を出て丘を越えると、無数の照明とともに基地がひろがり、左手には軍港が展開し、鉄柵の沖には数かずの軍艦が浮かび、軍需物資が山積みされている。

おどいている間もなく、車は市街地に入る。傍の馬場さんが、

「これが一号線です。檳榔樹《びんろうじゅ》の先にみえるのが民政府の建物、その賑やかな通りが国際通りと呼ばれる通りです」

と説明してくれた。「沖縄」の印象は、「戦争の残酷物語」そのものであったが、おびただしい米軍基地にとりかこまれているものの、実感は人も生活も信じられないほど穏やかであった。戦跡をみなかったら、伸び伸びしたおおらかさだけを実感しただろう。

翌日から二日間、馬場さんが紹介してくれた郷土史家の宮城倉啓《そうけい》氏の案内で、沖縄見学の標準コースをまわった。

「沖縄戦の展開に沿った方がいいでしょう」ということで、まず読谷《よみたん》、北谷《ちゃたん》など中部海岸の上陸地点、最も激戦地といわれる嘉数《かかず》高台、そして首里司令部跡を見た。

「ここの戦闘終了が五月二十二日で、戦死者は軍民十五万人ぐらいでした。牛島司令官は、これ以上の戦いは無理と判断して、東京の大本営に戦争の継続かどうかを伺うのですが、大本営は沖縄戦は本土決戦の前哨戦だから、最後の一兵までやれ、ということだったので、これから南部におちていって、あと一カ月戦って、喜屋武《きやん》半島まで追いつめられて、さらに十五万人を失うことになるのです」

と、南風原《はえばる》病院跡、糸数《いとかず》壕、ひめゆりの塔、摩文仁の塔、健児の塔をまわって説明を受けた。「牛島中将はあの丘で自決したそうです」と聞いて、私は旧日本軍の救い難い愚劣さ、非人間性をみた。無数の島民、兵隊たちをひきつれて、軍人精神という虚構でみんなを縛った愚かさを実感した。そして、私なりの償いの道を考えたのである。

あれから何十回、沖縄をたずねたことだろう。沖縄への旅は、これからもつづく。

（『短詩形文学』二〇〇四年五月）

忘勿石《わすれないいし》

沖縄地方の地図を、ひろげて見る。

沖縄本島からはるか四百五十キロの太平洋上に、石垣島がある。隣りに竹富島があり、西に黒島、小浜島、イリオモテヤマネコで知られる西表島《いりおもてじま》、日本最南端の波照間島《はてるまじま》もある。いわゆる八重山《やえやま》諸島とよばれる島々である。

私は、二〇〇二年三月に、石垣島から西表島に渡った。これは三度目の西表島への旅である。

新城《にいしろ》ヤスさんという人が書かれたものが、旅のきっかけであった。ヤスさんはもともと波照間島の人だが、波照間島には農地が余りないので、戦争が終わって十年目に、畑を拓くために旦那さんといっしょに西表島に渡ってきたのである。

南の海岸に南風見《はえみ》という土地があり、数軒の家が集まっていて、それぞれジャングルを切り拓いて、農地をひらく仕事をしていた。

海岸のアダンの茂みの中に、八畳ほどの岩があり、それに何やら字が彫ってあった。ヤスさんは葉を切り、平な岩を手拭でぬぐったら、砂に埋れていた文字があらわれた。よく見ると「忘勿石《わすれないし》　ハテルマ　シキナ」と読める。

ヤスさんは、波照間国民学校四年生のとき、戦火をさけて疎開でこの土地にいたことがあった。その岩に彫られた文字を見たとき、当時の出来事を思い出した。

私はヤスさんの民宿に泊めてもらって、翌朝早く海岸の岩場に「忘勿石」を見に連れていってもらった。

私は小学四年生でした。沖縄にアメリカが上陸したといって、島はおおさわぎしました。校長は識名信升《しきなしんしょう》先生で、子ども思いのやさしい方でした。

そのころヤマトから来たという山下虎雄という、先生か兵隊かわからないような男が、いばりちらしていました。

そのうち、全島民に西表島に疎開せよという軍の命令がくだりました。そのころ西表島は、ブーキの島（マラリアの島）といっておそれられていたので、みんな尻ごみをしました。すると山下先生が軍刀を抜いて、軍の命に背くものは叩き斬るとどなりました。

山下先生の正体は、特命を受けた軍人だったのです。

島には、牛馬八百頭、豚四百頭、山羊千七百頭がいたといわれますが、軍隊の食料として、それが欲しかったらしいのです。兵隊がたくさんやってきて毎日家畜を殺し、それを燻製にして石垣島に運んだそうです。

島人は一、二七五人いましたが、小さな舟に分乗して、何日かかって西表島の南風見にたどりつき、そこに小屋を建てて住みました。

ジャングルの中に青空学校も開校しました。識名校長先生は、学校はみんなで作るものだと、まっさきに教室づくりをはじめました。

えんどうの花の咲く頃は
幼ない時を思い出す
家の軒ばに巣をつくって
暮れ方帰ったあのツバメ

子どもたちは岩場でカニを捕ったり、海で魚を追ったり、とても元気でした。

ところが、いい日は数日間で、マラリアが出はじめました。南風見は、マラリア病原虫を人間にうつすハマダラ蚊の巣が多かったのです。

マラリアにかかると高熱がつづき、体が弱り死んでいくのです。マラリアの特効薬はキニーネですが、軍隊だけが独占していて、一般には入手できませんでした。まわりでは、子どもや老人がどんどん死んでゆきました。


そのうちヤスさんもマラリアにかかり、母親からヨモギを食べさせられ、やっとのこと命を保っていた。

識名校長はマラリアに倒れる子どもを助けたくて「波照間に帰してください、でないとみんな死にますよ」と軍隊に訴えた。しかし軍隊は「秘密を守るため」といって、訴えを拒みつづけた。

困ったあげく識名校長は、夜、石垣島に渡り、部隊本部に疎開命令の取り消しを頼んだ。司令官は識名校長の熱意に動かされて、疎開命令の取り消しを命じた。識名校長は、喜び勇んで西表島に帰り、波照間に帰れるぞ、とみんなに報告した。

するとは山下「先生」が突然怒り出し、「駄目だ、ここの責任者はおれだ。さからうものは叩き斬るぞ」と軍刀を引き抜いた。

そのとき識名校長は「日本軍は本島の摩文仁で壊滅したんです。もう戦争は終わりです」といった。一瞬、山下「先生」は、青ざめて「おぼえていろよ」と捨てゼリフを言って、その場を去った。村人たちは「よかった、よかった」と抱き合って涙を流した。

その後、南風見の岩場で、小さな十字のつるはしで、コツコツと石に字を彫りつづける識名校長の姿が、毎日のように見受けられた。一、二七五人のうち、マラリアで死んだものが四六一名。ヤスさんは、奇蹟的に一命をとりとめて故郷に帰ることができたのである。

ヤスさんは、紺碧の海を眺めながら「忘勿石、それは識名校長の、幼ない命を失った無念の思いだったのです」と、半世紀以上も昔の日に思いをはせながら、眼に一杯涙をためていた。

私は右手のゆびで、そっと「忘勿石　ハテルマ　シキナ」の文字をなでた。


（『短詩形文学』二〇〇二年四月）

ある学徒兵の死

一九四七年二月十九日。

東京佃島の東京水産講習所（現東京水産大学）の玄関に、二台のMPのジープが通訳を連れて乗りこんできた。数人のMPは、ピストルを片手に校長室に入り、

「三年生タグチヤスマサいますね、連れて来なさい」

と命じた。校長が、

「授業中です。終わるまで待って下さい」

というが、口々に「ノー」と叫びながら、田口泰正のいる教室に案内させて、問答無用で「タグチヤスマサですね」とたずね、手錠をかけジープに押しこんだ。

ほとんど三十分たらずのことで、田口は校長や教官に一言も喋る暇もなかった。

一九四七年といえば、戦争が終わって二年目、東京の街にはまだ焼跡がひろがっていた

が、神国日本のシンボル昭和天皇も「人間宣言」をおこない、日本は軍国主義から解放されて、平和で明るい空気がみなぎっていた。前年の十一月には「平和と民主主義」を謳った日本国憲法が公布され、街には「リンゴの唄」が大流行していた。

国民全体が戦争を忘れ去ろうとしているときに、どうして田口は米軍に逮捕されたのか。家族が「息子はどこに連れてゆかれたのか」とたずねたら、「タグチは戦犯容疑で逮捕した。いま巣鴨プリズンに拘置中」という返事だったという。だんだんわかってきたことだが、戦争中の石垣島捕虜虐殺事件にかかわったとして、逮捕されたのだ。石垣島警備隊にいた田口を含めて、四十六人が被告となった。

石垣島は沖縄本島と台湾の中間に位置し、西の最前線であった。田口は学徒兵として海兵団に入り、海軍少尉候補生として石垣島海軍警備隊に配属された第一線の指揮官であった。石垣島には、八千人の陸海軍部隊がいたが、田口たちはバンナ岳麓の小学校で起居していた。

一九四五年四月一日。アメリカ軍十八万五千人は、沖縄本島の読谷《よみたん》、北谷《ちゃたん》海岸に上陸する。四月、五月は、米軍艦載機が五、六十機も石垣島を空襲した。

海上警備隊は、井上司令官の指揮のもと「対空」「陸戦」「水上特攻隊」の三つに編成されていた。田口たちは、間断ない米軍機の来襲に悩まされ、マラリアの蔓延に苦しんだ。石垣島と西表島は、昔からマラリア菌を伝播するハマダラ蚊の棲息地で、警備隊にも高熱に苦しむ者が出はじめた。石垣島の〝戦争〟は、空襲とハマダラ蚊との闘いであった。

「石垣島事件」といわれる田口元学徒兵らが巣鴨プリズンに収容されることになった事件は、こうした戦況のもとで起った。

四月、南国石垣島は初夏である。沖縄では、この季節を若夏《うりずん》という。「潤い滲み」という季語だろうか。

四月十五日午前九時、アメリカのグラマンが十二機編隊で島に機銃掃射を浴びせた。島の警備隊も一斉に応戦した。そのうち敵機の一つに、高角砲の一発が命中し、機は炎を噴きながら海面に突っ込んでいった。上空に三つのパラシュートの花が開き、ゆるやかな風に乗って、島の南端大浜部落の沖合のリーフに降りていった。

三人のパイロットは、警備隊に収容され、捕虜としてバンナ岳麓の防空壕に監禁された。井上司令官以下、将校が揃ったところで、三人への訊問が始まった。三人は、バーノン・テイボー中尉、ウォーレン・ロイド兵曹、ロバート・ジュニア兵曹で、空母「マカッサ・ストレイト」から発進して、石垣島を襲撃したことがわかった。

戦争中、日本軍は「空襲シタル敵航空機乗員ニシテ、暴虐非道ノ行為アリタル者ハ軍律会議ニ付シ死マタハ重罰ニ処ス」と、前線部隊での捕虜の処刑を公認していた。

井上司令官は、独断で「三パイロットを今夜、処刑する」と決め、処刑方法を指示した。選ばれたのは、井上特攻隊長の幕田大尉、甲板士官の榎本中尉、第一小隊長の田口少尉であった。

その夜九時すぎから、松林の中の広場で、五十人もの兵士が見守る中で処刑がはじまった。はじめに幕田大尉がテイボー中尉、ついで田口少尉がジュニア兵曹を、それぞれ日本刀で斬った。後手に縛られ悲鳴を上げ、命ごいをする捕虜をひきすえ、刀で首を落とすという残忍な処刑であった。そして残りのロイド兵曹は、四十人の兵隊が銃剣で入れかわり立ちかわり刺突した。

その処刑のとき、田口は青白い顔をして、よろけるように膝を折ってすわっているジュニア兵曹に近づいた。及び腰で振りおろした刀は弱々しく、首はわずかしか斬れなかった。

彼の友人たちは、口をそろえて語った。

「田口は口数の少ない学者タイプの男で、そんな残忍なことができるわけがない」

「温かい男で友人のことを心配し、女優の原節子ファンで、いつもブロマイドを持っていましたよ」

海軍というところは、上・下の別のきびしいところで、将校は将校用の食事をするが、田口はそれがいやで、いつも自分の隊の下士官や兵士と食事をしたという。彼を知る多くの人は、彼が井上司令官に処刑者に指名されたこと自体が、不運であったという。

田口たちBC級戦犯は二年余裁かれて、五十年四月七日、七人の被告とともに死刑を宣告された。それから二カ月後の六月二十五日には、朝鮮戦争がはじまり、日本人戦犯を裁いた米軍は、朝鮮戦線に出動した。そして日本には警察予備隊がつくられ、戦犯は解除されて、新しい「戦力」に仕立てられるときがきた。

学徒兵田口泰正の死とは何であったのか、疑問はとけない。

辞　世

ひとすじに世界平和を祈りつつ円寂の地へいましゆくなり

(『短詩形文学』二〇〇二年八月)

沖縄のガンジー、逝く

二〇〇二年三月二十一日、阿波根《あはごん》昌鴻《しょうこう》さんが死去されたという記事が新聞にでた。私は、告別式に、阿波根さんが好きだった白い百合の花を送った。一〇一歳という長寿だったそうだが、「わたしは明治の人間ですけのう」と、よくいわれたのを思い出す。

沖縄本島の北に本部《もとぶ》半島があるが、その西の海上に、伊江島という島がある。一日四往復定期便が運行しているが、本部から約一時間の距離である。

島の中央には城山《ぐすくやま》がそびえるが、海抜一七二メートルほどで、簡単に頂上に登ることができる。山頂に立つと、さわやかな風が気持よく、四方に広い碧い海原が広がる。小さな島が点在し、風とともに白い波が輝いてみえる。

船の着く伊江港は、城山の足もとであるが、島は西北のほうにひろがり、平地が広大な部分に真謝《まじゃ》という地域があり、そこに米軍の射爆演習場や西飛行場がある。かつては伊江村の人びとが開墾し、畑を拓いたところであるが、銃剣とブルドーザーで軍用地にされ、いまは金網で囲われている。

私は一九八〇年夏に、この伊江島を訪れた。このときは東京の渋谷の居酒屋で仲良くなった古堅宗淳《ふるげんそうじゅん》さんのお墓をたずねる旅であった。古堅さんは沖縄復帰運動の闘士であったが、六九年一月に、不慮の火災で東京の旅先で亡くなった。このとき、かねて古堅さんから聞いていた阿波根さんをたずねたが、石川に行っていて留守ということであった。私が阿波根さんにお目にかかるのは、八四年六月のことである。

私が出会ったときから、阿波根さんは伊江島の自作農であり、米軍への土地提供を拒む反戦地主であった。小柄でやさしい風貌であるが、眼光は鋭く、顔にきざんだしわが、艱難辛苦の人生をきざみつけているようなひとだった。

「わたしらは、アメリカから二度戦さをしかけられました。一度目は、一九四五年の米軍上陸。このときは、千五百人もの人命が失なわれました。そのつぎは一九五五年。米軍が農業で生きている人びとの土地をうばって、飛行場や軍用地にしてしまったのです。この二度目の戦さで、伊江村の人びとは、戦さとおなじような苦しみを味わうことになったのです」

沖縄では、若いときから外地に出稼ぎをする風習があるが、阿波根さんも、キューバやペルーに移民をし、三十歳をすぎてから伊江島に帰ってきて結婚をし、真謝地区の原野を買って開拓をはじめた。「カヤモーバル」といわれる萱《かや》の生い茂るところを畑にするのだから、大変な苦労であった。

阿波根さんの楽しみは、開墾で土地が広くなり、砂糖黍の畑ができることと、一人息子の昌《しょう》健《けん》が、元気にすくすく育つことであった。戦争がはじまるまでは、阿波根さんは幸せを夢みることができた。

一九四三年七月、突如として日本軍の命令が出た。

「伊江島に飛行場を建設する」

「勝った」「勝った」の軍の宣伝とは逆に、ガダルカナル、サイパン、レイテと日本軍は敗退しつづけ、米軍は沖縄へ、日本本土へ迫っていた。本土決戦の防波堤にしようとして、沖縄に第三二軍が配備され、伊江島にも軍隊がやってきた。

伊江島では、東洋一といわれる飛行場建設のために、島中の人たちが毎日工事にこき使われた。しかし日本軍は、敵に立ち向かう飛行機がないということで、沖縄戦を前に「敵に使用されないように」軍の命令で造った飛行場を、こんどは破壊してしまった。

一九四五年四月十六日。米軍は戦車八十台、兵隊千人で上陸。それに日本兵二千五百人、住民三千人で立ち向かったが、米空軍は爆弾だけでなく、ガソリンを撒いて焼きつくすという戦法をとったので、生き残るだけでも必死であった。そして一週間にして日本軍は全滅し、伊江島の村民千五百人以上が死んでいった。

息子の昌健は十九歳で、防衛兵に召集され、「浦添でいっしょだった」という消息を最後に、生死はわからなくなった。

伊江島の体験した戦争はもう一度。それは一九五五年三月。

沖縄戦が終わって村民が島にもどってきて、原野を耕して麦、いも、豆、砂糖黍をつくり、豚や牛を養い、平穏な農村生活がはじまった頃である。米軍は軍用地の拡大のために、伊江島を基地化しようとしたのだ。三隻の軍艦、大型上陸用舟艇は伊江島の砂浜に、トラック、ジープなどとともに、三百人もの米兵を上陸させた。めざすのは阿波根さんたちの村、真謝の十万坪の土地と一五二戸の民家である。

カービン銃で村民を追いたて、金網で柵を作り、たちまち射爆場、飛行場の工事にとりかかった。ここから阿波根さんたちの闘いが始まった。

「土地は万年、地主は吾等」

と書いたのぼりを立てて、土地収用に抵抗しながら耕作をつづけ、米軍に訴えつづけた。

そして何度も那覇の琉球政府の前にすわりこみ、道をゆく人びとに「私たちに土地を」と語りかけた。あるときは那覇から沖縄本島の南や北へ、歌をうたい、訴えの行進をした。その先頭にあったのが阿波根さんであった。食べ物をもらいながら、軍用地接収反対を叫びつづけるこの行進を、人びとは「乞食行進」とよんだ。

八四年六月二十三日。沖縄慰霊の日、阿波根さんの平和資料館「ヌチドゥタカラの家」が開館した。

「丸木先生、ずいぶん待っていましたよ、よく来てくださった、ありがとう」と大きな手で握手をして下さった。

戦世《いくさゆ》んしまち
みるん世ややがて
嘆くなよ臣下　命どぅ宝

阿波根さんの歌声は今も耳に残る。あれから何度、いや何十回の出会いであったろうか。

（『短詩形文学』二〇〇二年九月）

軍人らしくない軍人

沖縄名護に出かけた。夜、沖縄戦の研究者、大城将保氏の「沖縄戦下の沖縄中北部」という話を聞いた。

沖縄戦は、太平洋戦争の最終決戦をめざす米軍と、米軍を沖縄に引きつけ、できるかぎり大きな損害をあたえて、本土決戦を有利に展開しようと企む日本軍の決死の戦いであった。

一九四五年四月一日に米軍は読谷、北谷海岸に上陸し、これを迎撃した日本守備軍と、三カ月ちかく激しい戦いをくりひろげた。沖縄本島は東西十数キロ、南北三十七キロ、この狭いところで、約九万人の日本軍と約十八万人の米軍が戦闘を展開した。約三十万人余の住民は戦火に追われて、大きな被害を受けることになる。

日本の守備軍は第三二軍約九万人で、第九師団、第二四師団、第三二師団、独立第四四旅団、第五砲兵団から成り立った。

日本の主陣地は首里城を中心にした中部で、日本の防衛陣地も首里から中・南部が中心で、「沖縄戦」も主として首里から南部で戦われた。五月二十二日に首里を放棄し、六月二十三日に摩文仁で戦いが終わるまで、住民十五万人、軍七万人がたおれるという無残な戦争であった。

このように中・南部の戦闘については知られているが、米軍の上陸地点から中部、北部のことについては、あまり語られることがない。だから「中北部の戦さ」について、ぜひ知りたいと思っていた。

大城氏は、戦闘の様子を語られた。

「名護から北の山岳地帯を守備していたのは、独立第四四旅団といって、歩兵、歩兵砲、速射砲、連隊砲、工兵などの混成による約五千人ほどの部隊で、国頭《くにがみ》支隊と名づけられていました。名護、八重岳、白浜を中心に、四月十五日ごろから米第六海兵師団と激戦を展開しました」

沖縄戦が始まる前に「中部、南部は危険だ、待避するなら北部だ」といわれていたので、首里、那覇、浦添などからも、避難民が北部をめざした。米軍の中でも最強といわれた第六海兵師団を迎え撃つ国頭支隊としては、米軍との戦いと同時に、難民の保護という仕事も引き受けなければならなかった。

「国頭支隊長は、宇土武彦《うどたけひこ》大佐ですが、この人は主力を本部半島の八重岳の周辺に配置し、難民の収容を第一にして、米軍との直接の激突をさけようとしました」

じつは、宇土武彦大佐というのは、私の学生時代の配属将校であった。

戦前の学校には、軍人が配置された。将来の軍隊教育の基礎訓練として「教練」という科目を担当していた。普通は予備役の少尉、中尉が配属将校になったものだが、現役ピカピカの「大佐」という高級将校が配属将校であることに、びっくりした。

「沖縄戦に参加された」とは聞いていたが、ここで「国頭支隊長」が宇土大佐だったと聞いて、おどろいた。

私の印象に残っている宇土大佐というのは、軍人特有の猛々しさのない、やさしい温顔の人であった。黒い長靴がいつもきれいに磨かれていて、教練の時間に運動場の真ん中に姿勢よく立っておられた。直接に指揮をとるのは、安田曹長や野田軍曹で、大佐は笑みをたたえて最後に「本日の教練はおわり」と言って挙手して敬礼されたものである。

「宇土支隊長の考えはわかりませんが、無意味な戦いで部下を戦死させたり、住民の命を失いたくないということだったと思います。兵団司令部は、三度にわたって総攻撃を命じますが、部隊の配備がおくれていることや、敵の主力が北上したなどの理由で、攻撃を中止しています。兵団司令部は『敵前逃亡にひとしい』として参謀を派遣したりしますが、支隊長は言を左右にして、指導に服しなかったといいます……」

宇土支隊長については「腰抜け隊長」といって嘲ける人と、「一命を賭して兵や住民を救った」という人と、沖縄でも評価は二分されるという。

「悪罵、陰口に耐えて、自らの信念を貫くというのは、あの戦争中、たいへん勇気のいることだったのではないでしょうか」

大城氏の話を聞いた会場で、戦争中大宜味《おおぎみ》村で国民学校の教師をしていたという宮城さんという老人と逢った。この宮城さんは、もし宇土大佐が軍人の面目を大事にして決死の闘いをしたら、私らは生きてはいなかったでしょうよ、宇土大佐という人は、軍隊と同様に住民もだいじに考えた人でしたからねと語られたことが、とても印象的で、みんなに感銘をあたえた。

一九四三年（昭和十八年）春。軍人教練の時間。授業のはじめに順次「軍人勅諭」の暗誦をやらされる。これはとても辛いことであった。「我国の軍隊は世々天皇の統率し給ふ所にそある……」ではじまる文句。無味乾燥で、誰もおぼえる気になれなかった。整列して順番に暗誦するのを、宇土大佐は二十メートルもはなれたところで、身動きもせずに黙って聴いておられた。

私の番になると、かねての打合わせ通り、私のうしろのやつがひと区切りずつ「軍人勅諭」を小声で読んでくれた。私は口うつしの勅諭暗誦をしたものだ。学校全体で納得のうえでカンニングをやっていたのだ。いま考えると冷汗がでる。そんないいかげんなことを、宇土大佐が知らなかったことはあるまい。きっと気づかないふりをしたのだろう。宇土大佐という人は、そんな人間的な、いい人だったと思う。

（『短詩形文学』二〇〇二年十二月）

「南北の塔」のこと

沖縄本島は南北に長く、三十七キロもある。北端は辺戸《へど》岬で、南は喜屋武《きやん》岬である。沖縄戦は、島の北部から南部まで広く戦われたが、なかでも日本軍と米軍が死力をつくして戦ったのは、中部の浦添、首里から喜屋武岬付近である。この南端に、真栄平《まえひら》というところがある。いまは糸満市の一隅になっているが、一九四五年六月十日ごろ、ここを守る日本軍と攻めよせる米軍とが、死力をつくして戦った激戦地である。

いまは海岸に近い台地で、雑木林が集落をつつみ、砂糖黍畑がえんえんと広がっている。

地元の与儀先生が、私たちをここに案内してくれた。

「この丘から台地には洞窟陣地がつくられていて、日本軍の第二四師団がたてこもっていました。山部《やまべ》といいます。五月の半ばまで首里で戦っていて、勝ちめがないので逃げてきたのです。もちろん、ここの部落民も、兵隊もいっしょに逃げてきて、ガマ（洞窟）に隠れていた人もいました。ふつうには何百人しか人がいなかったところに、軍隊や逃げてきた人、合わせると何千人もの人がやってきたのだから、大変な混乱ぶりだったのでしょうね。住民の食糧をうばったり、ガマからの追い出しなど、六月になると地獄のようになりました。

米軍は、戦車や火炎戦車を先頭に激しく撃ちこんでくるし、機銃掃射や艦砲射撃も毎日のことでした。何万人かが群らがるところに砲弾が炸裂するのですから、まるで屠場のような有様でした。

部落民は千戸たらずで一五八世帯でしたが、三、四日間で五五一名が死に、一家全滅のうちが五二世帯にもなりました。この真栄平部落の悲惨さというのは、筆舌にあらわしようがありません」

それから私たちは、ガジュマルの生い繁る小道をわけて広場に立った。そこには見上げるような高さに「南北の塔」というコンクリートの納骨堂が建っていた。そのかたわらには「アバダガマ」と表示がしてあった。

「南北の塔の由来というのは、南の人と北の人を共に葬ったという意味です。南というのは沖縄、北というのはアイヌのことをいうのです」

「南の人が、真栄平の現地の住民というのはわかりますが、『北の人』というのはどういう意味でしょうか」

与儀先生は「アイヌといっても、どうしてアイヌがと、わからないでしょうね」

といって語りはじめた。

「第二四師団というのは、東北から北海道出身の人が多く、旭川の部隊にはアイヌ人もまじっていたのです。アイヌというのは、戦前の日本ではかなり差別をされていましたから、この戦場でも、肉弾攻撃、斬込み、偵察、伝令など、危険なことにこき使われました。沖縄人も、日本人からは差別されましたから、差別される弱い者同士、助け合うようにもなりました。兵隊の中でも酷使され、こき使われるアイヌ兵に同情をし、食物をこっそり運んだり、反対に兵隊の薬品をこっそり住民に運んだりする者もいました。差別をうけた人間同士、友情の花が咲いたものです」

「それでどんないきさつから『南北の塔』が建てられたのですか」

「戦争が終わって二十年ばかりたってから、アイヌの人がこの部落を訪れてきたのです。弟子《でし》豊治さんという人で、かつて一兵士として、ここにいたというのです。沖縄の人びとのアイヌにあたえた友情が忘れられないというのです」

（私ハアノ戦闘デ重傷ヲ負イ九死ニ一生ヲ得マシタ。沖縄ノ人ビトノ温カイ介護ガナカッタラ、死ンデイタデショウ。私タチノ戦友ハ多ク死ニマシタ。私ハミナサンニオ礼ヲイウタメ、戦友ノ霊ヲトムラウタメ、少シバカリオ金ヲタメテ、ココニ来マシタ）

この弟子さんのお金と、部落民の募金で慰霊塔を建てることになった。戦後、この付近で集めた遺骨は二千体もあり、まず納骨堂を建てて、ここに遺骨を収容し、碑を建てることになり、アイヌの人びとの寄付金と、真栄平住民の浄財がつかわれた。

碑の表には「南北の塔」と書かれた。そして碑の裏には「キムンウタリ」「真栄平区民」と書かれた。「キムンウタリ」というのは山の仲間という意味だそうである。「海の仲間」と「山の仲間」の〝友情〟の墓ということになる。

丘のむこうは、渺々《びょうびょう》たる大海原。東シナ海が開ける。与儀先生に「この村の人びとで生き残った人は少ないのでしょうか」とたずねてみた。

「そうですね、半分ぐらいが戦火でたおれたといわれます。そのさきのガジュマルの村の中にガランドウの家だけ建っているのがあるでしょう。一家全滅の家と呼んでいるものです。誰も住んでいないのに近所の人たちが、掃除なんかもやって、仏壇をみなで守っているんです。これから南のほうの大城、摩文仁のほうにいくと、このへんよりももっとたくさん一家全滅の家がありますよ。この一家全滅の家を見ると、戦争の悲しみの日が思い出されます」

それから三年の後。私が那覇に泊っていたら、与儀先生から電話があり、「弟子豊治さんが、北海道から仲間数名をつれて、明日『南北の塔』に来られるそうです。絶好の機会だから、真栄平までお出かけになりませんか」とのこと。私は二つ返事で翌朝「南北の塔」まで出かけた。

村では北海道の友人を迎えるためにテントが張られ、きれいに掃除もしてあった。与儀先生が「この先生は……」と紹介してくれたので、私は「キムンウタリ」三人の男たちと固く手を握り合った。

（『短詩形文学』二〇〇三年六月）

ある特攻隊長

伍井芳夫さんは、一九四五年四月一日、知覧から出撃して、慶良間列島周辺でアメリカ艦船に突入した陸軍特別攻撃隊第二十三部隊の隊長である。この伍井さんの遺族の娘さんから、このほど『特攻隊長伍井芳夫』（著者・臼田智子）なる書籍を頂戴した。この書籍にまつわる思い出話を、少し書きとめておくことにしたい。

私は、陸軍予備士官学校を出ると、鹿児島県吹上浜の橋口部隊に配属になった。ある日、参謀に呼ばれて「知覧の警備隊に行くように」といわれた。「矢号《やごう》作戦」が下命されて、知覧という田舎町の飛行場が、特別攻撃隊の出撃基地となった。

私は三月二十一日、知覧飛行場に到着し、さっそく司令部に行って、今津大佐に着任の申告をした。背の高い、想像したよりも若い司令官であった。折から飛行場には夕闇が迫り、兵隊たちが右往左往する飛行場の斜め前方に、開聞岳《かいもんだけ》（九二四メートル）、別名、薩摩富士のシルエットが屹立していた。

知覧は、もともと太刀洗《たちあらい》飛行学校の分校がおかれたところであったが、沖縄戦が戦略構想の中に浮上するや、陸軍の出撃基地として、昼夜兼行の拡張工事が行われてきた。元少年航空隊の本部であったところが、特攻隊の司令部にあてられ、将校集会所、三角兵舎などが配置されていた。私たちの任務は、飛行場の衛兵と巡回、検問所などの勤務であった。

特攻要員（操縦員）は、岐阜県各務原《かかみがはら》、三重県明野《あけの》、埼玉県熊谷《くまがや》、山口県防府《ほうふ》、大阪府大正、福岡県太刀洗などから、十機、十二機と編隊を編成して、それぞれ隊長機に率いられて知覧にやってきた。

飛行機には「隼《はやぶさ》」や「九七式」などの戦闘機が用いられ、機体には二百五十キロの爆弾が積まれた。沖縄までの距離六百五十キロ、航続距離は千五十キロだから、片道の燃料を積むだけで、生還の望みはまったくなかった。

伍井大尉に率いられる第二十三振武《しんぶ》隊は、壬生《みぶ》（栃木県下都賀《しもつが》郡）から十二名、知覧に向けて出発した。三月二十七日の午前のことであった。各地の飛行隊から十機、十二機、二十機と特攻機が知覧飛行場に到着し、私たちの仕事も忙しくなり、基地の空気もピリピリと張りつめていた。

知覧の町の内村旅館、永久旅館、基地内の三角兵舎などに案内するのが私たちの仕事であるが、二十三振武隊に「陸軍中尉松田豊」の名をみつけた。

彼は私の一級先輩で、二年間、寮生活を共にした仲である。特別操縦見習士官（特操）に志願したと聞いていたが、知覧で逢うとは奇遇である。

私は麓川《ふもとがわ》のほとりの内村旅館に、松田先輩をたずねた。隊員でごったがえしていたが、顔見知りの旅館の親父さんが、松田先輩を呼んでくれた。

おたがい二年ぶりということもあって、「ひさしぶりだ、一杯飲むか」ということになった。松田先輩は柔道三段の巨漢であったが、ひさしぶりにみたら、少しやせた感じだった。

彼は「いっしょに、いいかい」といって、伍井隊長ほか谷山、前田、窪島少尉らを誘って、道路の向かい側の富屋《とみや》食堂に来てくれた。私の部下の安田君が諸焼酎《いもしょうちゅう》を二升差入れてくれたので、その夜は賑やかな宴会になった。

伍井隊長は「みんなで歌でもうたおうか」といい、みんなでその頃はやっていた「空の神兵」を「藍より蒼き大空に大空に、たちまち開く百千の、真白きバラの花模様……」と合唱した。伍井隊長は「今日は楽しかった。四月一日に出発しますから」といわれた。

四月一日、ついに米軍は沖縄に上陸してきた。陸軍は知覧、海軍は鹿屋《かのや》から、沖縄の慶良間列島にむらがる米艦船にたいして、特攻攻撃をかけることになる。第二十三振武隊十機、ほか五編隊三十四機が出撃した。

飛行場のまわりには婦人会、町の人、女学生たちがつめかけていた。午後四時出撃。一機また一機と進発していった。飛行機は、いい合わせたように上空を大きく旋回して、開聞岳の雲間に消えていった。

三十分をすぎるころ、故障機が引返してきた。つぎつぎに飛行機を着陸させねばならない。爆装しているので命がけである。六機の中には、松田機もあった。整備兵に抱えられるようにしてやってきた松田中尉は、青白い顔をして悄然と「命が惜しかったわけじゃない」と、自分に語り聞かせるようにいった。

第二十三振武隊の出発から二時間半。司令部通信室に特攻機の打電が受信される。

「バーネット発見、吾突入ス。吾突入ス……ゴイ」

伍井隊長が空母バーネットに突入したのだ。司令部は喚声に湧いた。

五日後の四月六日朝五時に、松田中尉は進発した。松田から預かった遺書の一節には「命愛シカレドワレ生還セズ」とあった。

あとで伍井大尉の紙袋をあけたら「人生の総決算　何もいうことは無い」という墨書の

遺書がはいっていた。

伍井大尉の遺族のひとり、息子さんから二〇〇三年六月、突然の電話があった。

「あなたは知覧の基地司令部で、伍井大尉が出撃したときの模様を書いておられるが、そのことについて少しお聞きしたい。私は伍井の息子です」

私は松田と出逢ったときのことがあるので、伍井大尉のことはよく覚えていた。遺族とすれば「最後の電報を伍井隊長が打ってきた」という一言を、確認したかったにちがいない。

「ええそうです。隊長機だけが無電を打てましたからね。バーネットに突入したと、みんなが聞きました」

私がそういうと、息子さんは言葉につまったようすであった。

(『短詩形文学』二〇〇四年一月)

渡嘉敷《とかしき》山上の拝所《うがんじょ》

二〇〇三年十一月、那覇の教会の牧師金城重明氏と、渡嘉敷《とかしき》島に渡った。上空にはうろこ雲が立ちのぼり、青い空を彩っている。紺碧の海を見下す二百メートルの山頂に立った。

「新しく建った拝所《うがんじょ》に行きましょう」

という金城先生にうながされて歩いた。白い石積みで構成された円錐形の塔は、三角形の家のよう。そばでみると薄紫色の球石が納められ、周りはたくさんの色あざやかな陶片で飾られている。前にお詣りした人が供えた草花が、まだ生きている。

金城先生は手を合わせたあとで、とつとつと語られた。

……この白いモニュメントは、沖縄のあちこちにある祖先を祀るのとおなじものです。ただ、ちがうところは朝鮮から連れてこられた慰安婦二十一人、いわゆる従軍慰安婦をまつったところだということです。

戦後、那覇市内で元慰安婦の一人が淋しく死んでいったのを知る友人が、「従軍慰安婦の慰霊碑を建てよう」という呼びかけをはじめ、千五百万円の募金と、三百人のボランティアの参加をえて、この石積みが完成したそうです。その横に建っている石に刻まれているのは、命が甦るようにという祈りのコトバです。これには、この全体のデザインをした在日朝鮮人陶芸家の伊集院《いじゅういん》真理子さんの思いがこもっているのです。

朝鮮人女性たちが、渡嘉敷島に強制連行されたのは、一九四五年一月ごろである。その中には、慰霊碑建立のきっかけとなったペ・ポンギ（裵奉奇）という十九歳の女性もいた。彼女たちは民家を少し改造した「慰安所」で、当時、慶良間列島の島々で出撃準備に当っていた日本兵を相手に、性の提供をさせられた。彼女たちの悲運は川田文子の小説『赤瓦の家』（筑摩書房）にくわしく描かれているが、その中のひとり、ポンギは「兵隊さんの食事の世話や看護活動をするように」といって連れてこられたのに、実際は日本軍の直接管理する性の提供だった、という。

渡嘉敷島では、米軍の上陸直後の三月二十八日、住民全員、村役場の指示で山中に集められ、手榴弾や包丁などで親が子を、子が親を殺すという集団死をすることになった。このときの死者は、三二九人にのぼったといわれる。

金城重明先生は、ほかならぬこのときの当事者の一人である。父と二人で母や弟妹たちを殺すことになった。このように沖縄戦のなかでは集団死があちこちで起り、これは日本人の家族愛の象徴として「集団自決」として扱われてきた。この「集団自決」の考え方に異を唱えたのは、金城先生である。

家永教科書裁判の沖縄法廷で、沖縄戦の中で各地で起きた「集団自決」に対し、曽野綾子らは、日本的な家族制度の美風がこうした悲劇につながったものとして、これを美化したが、金城重明氏は「子どもが親に手をかけた」ことの当事者として、むしろ戦争が生んだ悲劇として、反省的に証言して注目をあつめた。

その後は、皇民化教育や戦陣訓の誓が、住民を追いつめて悲劇的な死をもたらしたとする説のほうがつよくなっている。

金城さんが、その後アメリカに渡り、キリスト者の道を歩むということは、「この集団死の事件の当事者の一人として、親やきょうだいにたいする自己の生まれかわりの道」であった。

沖縄戦のときここに布陣をしていたのは、第三二軍の山部隊であったが、山部隊ではこの慰安所のことを「軍人倶楽部」と呼び、詳細な利用規則を設けて運用していた。軍はそのなかで、「軍人、軍属は、民間の遊廓及びその種の施設を利用してはならない」ときめており、「慰安所」は軍のものであり、「軍人倶楽部」の使用には、部隊の許可証を必要とした。

戦後、韓国から「慰安婦」として強制連行された朝鮮人女性は、一万人にのぼるといわれ、この人たちの中には国に賠償や謝罪要求をする人も少なくない。しかし、国はこれまで「関与の事実なし」「関与を裏付ける資料なし」と門前払いをつづけてきた。しかし「慰安所」の存在は広く知られており、山部隊の規則をみれば、否定のしようがないことがわかる。

日本の敗戦によって、朝鮮は独立し、三六年におよぶ日帝支配に終止符が打たれた。沖縄や日本に「性の奴隷」として連行された多くの朝鮮女性たちは、「独立」の「栄光」を得た。しかし、ポンギたちは、軍の拘束からは解放されたものの、その後も売春か、それに近いことをするしか生きることができなかった。沖縄の元「慰安婦」たちの戦後は、「独立」には似つかわしくない、みじめなものであった。

そんな中で関係者の篤志によって、この「拝所」がつくられた。おそらく日本に唯一の

「朝鮮人慰安婦の慰霊碑」であろう。この碑は「還生」と名付けられているが、在日朝鮮人の伊集院真理子の「いのちの甦り」の願いをこめたものである。

その日は、金城重明先生と「還生」の碑のまわりを歩きまわったが、山の頂は空と海の青さが交差し、静寂が漂っていた。隆起珊瑚礁石灰石でつくられた白いモニュメントは、三角形に天に突きささり、汗ばむような陽光が草原に降りそそいでいる。

金城さんは静かに語られた。

「この拝所は、新しい時代への和解のシンボルです。島があるかぎり、歴史の証言者でありつづけます」

この碑に祀られた彼女たちの「恨《ハン》」を、この青い海に流せるだろうか。

（『短詩形文学』二〇〇四年四月）

人それぞれに花あり

「この一筋に執する」

君が逝ってから早くも五十日。去る者は日々に疎しといいますが、君はいっこう僕から遠ざかりません。

三月はじめ、まだ寒いころ、君のお母さんと経堂の街角でひょっこりお会いして、君のことをあれこれ話しました。お母さんはぼそっと、「ネをあげて、うちへ帰ってくるような子ならいいですけど」とおっしゃっていました。

そのお母さんが、五月のなかばに、世田谷の小学校におみえになりました。玄関から運動場への通路のところに、しばらく立っておられました。そして、客を送って玄関に出た私とばったり顔を合わせたのです。四月三日、君のお通夜でお会いして以来のことです。

君は一九六八（昭和四十三）年に小学校に入学し、いつも学校に近い坂下から、威勢良く学校にとびこんできたものでした。ちびっ子なのに、傲慢ともいえるように肩をはった君のことを想起しながら、しばらくお母さんと話をしました。

「子どものころが偲ばれて、ここまでやってきました。親から遠ざかることばかりを考えていた子でしたが、結局、ボロボロになってしか私たちのもとには帰ってきませんでした。でも、私たちのところで死んでくれたことが、せめてもの救いでした」

といって、お母さんは涙をおさえていました。

僕と別れてから、お母さんは、しばらく中庭に立って、運動場を眺めておられました。きっとその眼底には、小学校時代の君の姿が焼きついていたものと思われます。

思えば、君とのつきあいは、二十年以上にもなります。といっても、ときには、うんと近く、ときには音沙汰もないというほど疎遠で、不思議なつきあいでした。

小学校時代にいじめられるということで、君のかなりきつい訴えを聞いたし、中学時代には、持病のてんかんのことで、何度か話しこみました。高校時代にいちばん印象的だったのは、大学受験のことでした。北里大学大学院のころ、君の妥協のない主張に、少なからず辟易したものでした。

君は和光教育の影響を受けたのか、人間の精神にかかわる仕事をしたいという希いをもち、一貫して僕にそのことを語っていました。しかし、君が教師を希望していることをわかっていながら、僕はあえてそれを勧めませんでした。口には出さなかったけれど、僕の気持ちは君も察知していたと思います。身体的なハンディと持病とは、学校の教師になろうとするとき、超えがたい障壁になると判断したからです。もしそのことさえなかったら、君ぐらい人間愛にみちた青年はいないし、教師適格の人間はいないと思ったのですが。

君は大学で化学を学び、検査技術を身につけるのですが、結局、鹿児島に赴いて、谷山中学校の臨時講師になります。県の採用試験にパスしなかった君は、つなぎに「臨採」をやって、次年度に希望がもてると思っていたようです。

そのころの手紙に「浅学非才なるも、この一筋に執する」と書いてよこしました。あのころが、いちばん夢あふれるころで、気持ちは啄木の「吾日本一の代用教員なり」に通ずるものがあります。「この一筋に執する」と書いた君の心情に、大いに心うたれたものです。だから、できることなら、教師への道がかなうようにしてやりたいと思いました。

やがて君は、「臨採」は教師への一歩ではないということを、いやというほど思い知らされます。生徒を愛してやまなかった君が、生徒をなぐり、暴力教師としてさわがれるということがおこります。君は得意の絶頂から、絶望の奈落に落ちたように、暴力をふるった自分を責めつづけました。しばらく音信が途絶えましたが、このときが君にとっての沈潜、自己再生を期する、地を這うような苦悩の時期だったろうと思います。

昨年三月、北海道別海の「ヤマギシの村」から手紙をもらったときには、びっくりしました。僕にとって、ヤマギシカイというのは未知の世界で、かつて友人の新島淳良早稲田大学教授（当時）がヤマギシズムに共鳴していたというくらいの認識しかありませんでした。新島氏は、五年ぐらいでヤマギシカイと決別し、「思想よりも人間そのもの、人間の心を大事にしなければならないと思います」と書いたものを、僕に送ってよこしました。新島氏の挫折のはての休息の場が、ヤマギシカイであり、それも希望を充足させるものではなかったということから、君のヤマギシカイ入りも、けっしてあかるい印象を与えるものではありませんでした。

「九一年の秋からの生活」「百頭の牛の給餌、牛床づくり、採乳、人工授精の話」「乳房炎の予防や治療法」「別海の早春、雪解けのはじまりの美しさ」など、君ならではのたんねんさで書いてよこしました。きっと君は、世の底辺の人びとに肩をかすことをもって、「この一筋に執する」と思ったのでしょうが、僕は君が喜びを得、得意然とすればするほど、次にやってくる挫折の怖さを感ずるのでした。もし君に「牛飼い」の限界が自覚されたらどうするのか、僕はなんどもそのことを思ったものです。

またしても音信が途絶えました。人づてに聞くと、ヤマギシの村とのトラブルがあったとか、暗い予測があたって、やりきれない気持ちでした。篤実無比で高潔な人柄だけど、人間関係、とくに上司との関係のぎこちない君だけに、誤解をまねきやすかったと思います。「一筋に執する」人間が、世にいう悪徳の徒でないことは当然です。君の世渡りのテクニックのなさが、君を挫折させてしまうのです。

君は、別海をはなれて、あちこち旅をしたといわれています。あるいは、それは「夢さがしの彷徨」だったかもわかりません。頂上をめざして「この一筋」を思い決めたときの君には、登る希望があったのでしょうが、挫折のあとの彷徨はむなしかったことでしょう。そんなときに、なにも力になれなかったことに、やりきれない思いをいだいています。

時田君、君は「この一筋に執する」という人間哲学を貫いた。つまらない妥協はしなかった。いつぞや君が携えてくれたナイフは大事に使っています。そしてナイフを手にするたびに、三十一歳の人生は短かったが、君の純粋な生きざまはすばらしかったと思うのです。

誰にも人生の終わりはあります。そのとき「この一筋に執した」といえることは、まさに価値のある、納得のいく生涯だったといえるのではないかと思うのです。

（一九九一年五月）

「米百俵」

小泉首相というひとは、パフォーマンスのうまい人で、話というのは論理的ではない。中学生のお喋りのように、単語がポンポン吐き出される。

首相になってすぐのころ、「米百俵の故事にもあるように、構造改革の過程では痛みも伴うので、国民にそれに耐えていただく必要がある」ということをのべた。

突然「米百俵」という単語がでてくるところに、小泉ブシがある。何の前ぶれもなく「米百俵」がでてきたので、「いったいそりゃなんだ」と話題になった。

私たち古い世代は「米百俵」の故事は知っているが、若い世代にはなじみのないことばである。小泉首相は、国民に「耐えてほしい」という意味で「米百俵」を引用したが、その故事を本当に理解しているのかどうか、疑わしく思った。

そもそも『米百俵』というのは、昭和の初め、大作家山本有三の戯曲のテーマであり創作である。

山本は、『真実一路』や『ストウ夫人』『路傍の石』などで、ベストセラー作家となっていた。ところが戦局が急迫した一九四〇年に、突如ペンを擱《お》いて閉塞してしまった。きっと戦局の推移についての、彼なりの心配があったのであろう。

ところが四二年に長岡市に赴き、古老に会ったり、『新潟日報』に出かけたりして取材をはじめた。彼が長岡のことに強い関心を持ったのは、ドイツ文学者で山本の『真実一路』の独語訳をした星野慎一を介して、長岡が生んだ傑物山本五十六《いそろく》、当時の海軍次官を知ったことによるといわれている。

その間には、政界の大物近衛文麿《このえふみまろ》が存在する。近衛は、自他ともにゆるす反戦主義者で、近衛のもとには反戦的な文化人、政治家、軍人が出入りしていた。

山本有三や星野慎一、そして山本五十六などもその中にいたが、ときあたかも関東軍がノモンハンで、ソ連との戦争を策し、陸軍は日・独・伊軍事同盟を企み、ときの米内光政《よないみつまさ》内閣は、なんとか和平の道をさがそうとしていたときである。近衛は、つぎのようにいって、山本海軍次官のことを心配していたという。

「あの人は偉い人だ、右翼が命を狙っていてもビクともしない、彼のような者の力が強くならないと日本の前途はあぶないな……」

山本有三は、近衛や星野慎一から、「山本五十六のような人材は、長岡藩の河井継之助《つぐのすけ》や小林虎五郎のような先覚者が育てた」ということを聞き、長岡に強い関心を持った。

こうしていったんペンを擱いた山本有三が「長岡は、日本の未来かもしれない」と創作のペンを執ったといわれる。たぶん近衛から「やってみたら」という示唆があったものと思われる。

藩政時代の越後（新潟）には、「長岡藩、七万四千石、牧野忠訓《ただくに》」のほかに「高田藩、十五万石、柳原政敏」、「三根山《みねやま》藩、一万一千石、牧野忠泰《ただやす》」など、十一藩があった。いずれも小藩であったが、その中では長岡藩は、越後の中央部を占め、牧野家は三河以来の譜代大名としてこの地に君臨してきた。信濃川流域の穀倉地帯で、実収は十万石といわれ、どちらかといえば裕福な藩であった。したがって、きわめて気位のたかい藩風で、幕末の三代にわたって、幕府の老中職を勤めてきた。

ペリーが来航してきた難局であった。尊皇攘夷、公武合体、長州征伐という激動の時代、藩主牧野忠訓は、家老河井継之助らとともに、国政の第一線ではたらいた。越後の一藩といえども、他藩とはちがっていた。

薩摩、長州藩は、朝廷方を名のり、幕府方に戦さをひき起させようと策した。一八六七年十月十四日、徳川慶喜は大政奉還を上奏して和平の道をえらんだ。しかし、戦さを起させようとたくらんだ朝廷方によって、戊辰《ぼしん》戦争が始められ、幕府軍は敗れさる。武力平定を唯一の目的とする朝廷方によって、戦火は全国にひろがった。

このとき長岡藩には「三百年の主恩に報いるために闘う」とする河井継之助らと「戦って民を苦しめてはならない」とする小林虎五郎らと、二つの立場があった。河井は、軍事総督として、できることなら戦さを避けたいと「小千谷《おぢや》会談」といわれる、征討軍監岩村清一郎との協議をかさねた。しかし会談は決裂して、河井は北越戊辰戦争を指揮することになり、奥州列藩同盟への参加を宣告する。

「五月九日、戦端を開く」とあるが、武力の圧倒的な差で、九月初めには長岡城は落城する。わずか四カ月の間に、長岡城は焼け落ち、長岡の町も灰燼《かいじん》に帰した。民衆は家を焼かれ、財産を失って生活は窮乏してしまった。

山本有三は、東山山麓の「戊辰刀隊戦没諸士碑銘」の中に「河井継之助」の名をみながら、灰燼の中から甦った長岡の街のことを憶った。長岡を再興したのは、河井と対立した傑物小林虎五郎である。山本有三は、その小林虎五郎を描き、小林の人材育成の中から、山本五十六が誕生することに思いついた。

困窮のどん底にあった長岡藩に、支藩の三根山藩から救援米として米百俵が贈られることになった。喉から手が出るほど欲しい米である。民衆は噂をきいて驚喜した。

山本有三は戯曲の中で、小林虎五郎に、つぎのようにいわせる。

「これはみんなに分けても一人四合だ。食べるよりも学校をたてるもとでにしよう。これで長岡の人材を育てよう」

反対意見もあったが、最終的には小林の主張で、食べるよりも学校づくり優先ということになった。

山本有三は、山本五十六という傑物が生まれたことをもとに『米百俵』を創ったといわれる。『米百俵』は、初版五万部という売れ行きであったが、戦局が急迫するなかで、どうしてか発売禁止となった。

小泉首相は「国民にがまんを強いるために」この故事を引用するが、『米百俵』の真意は、がまんではなく、「学校をたてて、いい教育をする」ことに力点があったことを、ごぞんじでないように思うが、どうだろうか。

（『短詩形文学』二〇〇二年五月）

この若者をみよ

三月のある日。「ただいま」と玄関を入ったら、見馴れない大きなスニーカーがならんでいる。お客さんかな、と居間に顔を出したら、大きな背丈の青年が「こんにちは……」と、私を見おろすように立っている。

「やあ……」「ぼく井上健一です……」と、ピョコリと頭をさげた。傍で妻が「あなた、お隣りにいらした井上さんとこの、ケンちゃんですよ」といったので、私はやっと、その青年が十年ほど前まで隣りに住んでいた井上さんのご子息だと理解した。

井上さんは、当時、新進の建築設計家で、私の家も実費だけで井上さんが設計してくださった。奥さんはスミスさん。イギリス人で、そのころ女子高校の英語の先生をしていた。上の子は健一君、下の子は孝二君で、とてもかわいい子どもたちであった。上と下とは二つちがいで、私の家には年をとった父と母がいたので、二人の子どもはお母さんが帰ってくるまでは、ほとんど私の家ですごした。

私の妻がお習字の師匠のようなことをしていたので、二人の子の母親はお習字の稽古にもみえていた。明るい屈託ないご家庭で、東京に昵懇《じっこん》な家もないわが家と井上家とは、まるで親戚のようにつきあっていた。

十年ぐらい前になるだろうか。やむない事情で、お母さんはイギリスに帰ることになり、お父さんもロンドンで仕事を得た。健ちゃんは小学三年、孝ちゃんは小学一年で、両親といっしょにロンドンに移り住んだ。

「健ちゃん、でかいな、何歳なの」

「十八歳です……」

お父さんとお母さんは、仕事の関係でホンコンに住んでいるという。

「もう四年間、別べつですよ。僕は弟といっしょに学校の寮に居ます……」

「もちろん大学にも進むんだろう」

「ケンブリッジ・ユニバシティに行くつもりです。でもイギリスでは、ハイスクールを出て大学に進むまでに、もう一つ関所があって、そこを通らないと大学に入れませんから、いまはユニバシティの前のカレッジに向けて勉強をしています……このボストンバックの中も、受験用の教科書や参考書でいっぱいなんです……」

「ケンブリッジを目ざしているのに、暇をみて一人旅をするなんて、日本ではちょっと考えられないね。日本の高校生なら、旅行どころか勉強に明け暮れるだろうね」

私がこういうと、健ちゃんは、こともなげにいった。

「日本ではそうかもしれませんね。でもイギリスの高校生は、勉強にも夢中になりますが、一方で一人旅をたのしむこともするのです」

健ちゃんは、ホンコンに両親をたずね、韓国をまわって日本にきた。「旅費もお小遣いもアルバイトで稼ぐのです」といっていたが、ホンコンでもソウルでも、英語の家庭教師をやったという。去年はボンベイからバンコク、マニラをまわったそうだ。両親の仕事の都合で、日本を去ったあと、ちょっとずつ住んだところである。

健ちゃんは、十八歳なりに、自分の育った足跡をたどる作業をしているのだ。それも他人に頼らず自分で稼ぎ、その金で世界各地を旅行して、自分を考える。私は、わが家族と談笑する若者に驚嘆した。

私のまわりの青年たちはどうか。

親から車を買ってもらい、小遣い銭をせびり、携帯電話の使用料まで親に負担させる。

成人式の会場に、晴れ姿でくり出し、酒を飲んで騒ぎまくり、祝辞にやじをとばし、なかには暴力沙汰におよぶ者もいる。アメリカにつぐ豊かな国といわれる日本では、物が溢れ、お金さえあれば、どんなぜいたくもできる国である。親は子育ての指標を見失っているので、わが子を厳しくしつけることができないし、子どもに接するのに臆病になっている。子どもたちも、大人になるまで親に甘えるだけ甘える。最近はやりの大学卒業直後の卒業旅行ですら、親は旅費から持物まで、すべて気配りをする。健ちゃんのように、自分で稼いで、世界じゅうを一人旅する若者なんて存在しない。

「こんどはどんな日程なの……」

「あと十五日間、東京にいます。叔母が府中にいますから、そこに泊めてもらいます」

叔母さんがやっているレストランで、皿洗いなどのバイトをやるという。

「今晩はうちに泊りなさい……」

私がそういうと「そのつもりです」と笑顔でこたえた。妻の手料理で、わが家族と健ちゃんのささやかな夕食会である。

「以前この部屋でおじいちゃん、おばあちゃんがそこにすわって、ぼくはおじいちゃんにだっこされて、ご飯を食べました」

おじいちゃん、おばあちゃんというのは、妻の父と母のことである。健ちゃんも、孝ちゃんも、この父と母にかわいがられた。突然、健ちゃんが歌を口ずさみはじめた。そして「これ、おじいちゃんがよくうたいました」といった。なんと「風の盆恋歌」である。

蚊帳の中から花を見る
咲いてはかない酔芙蓉
若い日の美しい
私を抱いてほしかった
しのび逢う恋　風の盆

健ちゃんは、よく覚えていた。おじいちゃんは同郷の石川さゆりが好きで、酒を飲んで気持がよくなると、よくこの歌を唄った。来年はケンブリッジの学生になっている、健ちゃんの歌に、私は胸を熱くしていた。

（『短詩形文学』二〇〇二年六月）

「赤い靴」の女の子、その後

時折、読者から、思いもかけないお手紙など頂戴することがあり、そんなときは望外のことで、筆者冥利を感ずるものである。

前著『辛夷咲く庭』に書いた「赤い靴」にかかわって、数日前に、都内のさる大学のＩ教授からお便りをいただいた。要約すると次のようなことであった。

『辛夷咲く庭』を読ませていただき、一篇一篇に心を打たれました。研究室で若い人たちにも読ませましたが、この中のひとりが「赤い靴」の女の子の像が、麻布十番の雑式通りにありますよと教えてくれましたので、好奇心から、地下鉄大江戸線を利用して、麻布十番に行ってみました。

「パテオ十番」というしゃれた商店街の通りに面して「きみちゃんの像」は建ってい

ました。歴史のある商店街、石畳の道、街路樹の緑に調和して、その像は大理石で現代風の雰囲気でした。あどけない顔と靴が印象的でした。

近くのコーヒー店に寄って問わず語りにたずねたところ、この像は十一年前に建てられたもので、主人公のきみちゃんという少女は、この先の麻布永坂にあった教会の孤児院で亡くなったそうで、「赤い靴」の母子の悲しい物語を知っている人がいて、少女の死んだ地に像を建てたといわれていますとのことでした。

あなたの作品には「キミの消息はわからない」とありましたが、少女は、なぜか牧師夫妻に連れられてアメリカには渡らなかったし、九歳でこの地で亡くなったというのです。一九一一（明治四十四）年歿とありますので、母親は、きみちゃんの幸せを信じて亡くなったことはたしかですね。若者たちと、早春の半日をぶらぶらできたことは「赤い靴」のおかげです。

私は作品の中で、三歳のキミがアメリカ人宣教師チャールズ・ヒュイット夫妻の養女になり、函館で一年ばかりくらしたのち、アメリカに行くために横浜ですごすことになるが、その後の「キミの消息はわからない」と書いている。

母と別れ、日本を離れる淋しさを抱いて海を眺めていたキミを思い描いて、野口雨情の詩が「赤い靴」の童謡になり、山下公園の膝を抱えてすわっている「淋しげな少女像」に刻まれた。「横浜の波止場から船に乗って／異人さんに連れられて行っちゃった」と雨情はうたっているし、誰もがキミはヒュイット夫妻に連れられてアメリカに渡り、幸せに元気に過ごしたものと思っていた。そのキミがアメリカに行かないで、「麻布永坂の教会の孤児院で、九歳で亡くなった」というのは、どういうことなのだろうか。

私は日曜日の昼下がり、大江戸線で麻布十番に行った。「きみちゃんの像」はイメージしていたよりも小さく、可愛い感じであった。

たずねたメソジスト教会は近くの網代通りにあり、日本人の牧師さんが応対してくれた。「赤い靴」の女の子のことは母からよく聞かされました。この教会とも関係がありますよといって、この地のゆかりについても話してくれた。

ヒュイット夫妻と横浜で待機しているとき、キミは不幸にも肺結核を発病し、衰弱しているので病院に入院をし、夫妻は長旅は無理と判断して、自分たちだけでアメリカに渡り、キミは残されてしまった。キミは六歳で天涯孤独になり、ここ鳥居坂教会の孤児院に引きとられた。

母加代とも別れ、育て親ヒュイット夫妻とも別れたキミは、ひとり看取る人もいない古い木造の建物の二階の片隅で、病魔と闘いつづけた。九歳の少女だから、温かい母の胸にすがり思いきり泣きたいときもあったであろう。「母さん」「母さん」とつぶやくように母を呼びながら、秋の夜、幸せうすい生涯を終えたのである。

母を慕いながら、いま別れようという日本の最後を横浜の埠頭で淋しく見つめていた「赤い靴の少女」も悲しくて胸を打つが、牧師さんから聞いた孤児院で息をひきとるキミもかわいそうである。アメリカには渡らず麻布十番の街の灯を見つつ、まったくの孤児として亡くなった少女のことを思いながら、人通りまばらな商店街を歩いた。

母親も、キミが孤児院に入るような境涯になることを予見しなかったし、「赤い靴」の詩を作った野口雨情も、「異人さんに連れられて、アメリカに行っちゃった」と思いこんでいたのである。「赤い靴」の童謡とともに育った多くの人びとが、「孤児院でさみしく死んじゃった」などとは思わなかったにちがいない。

街を歩きながら考える
少女に逢うたびに

雑式通りまでやってきて「きみちゃん」の像の前に立つ。若い母親と少女が像のかたわらにいた。像の足もとに小さな箱がおかれ、子どもが母親にもらった百円玉を箱の中に入れた。そして母親が、子どもに「赤い靴の女の子」だよ、お母さんと別れてこのへんで淋しく亡くなったといわれているのよ、と話していた。

近くのコーヒー店に寄って「Ｉ教授たちが立ち寄ったのもきっとここだろう」と思いながらコーヒーを飲んだ。

店の主人らしい人に「あのきみちゃんの像にお金を上げている人がいたけど、みんなあんなにするんですか」と聞いてみた。

その人は「十一年前、あの像が建った日に像の足元に十八円を置いた人がいて、それからは五円、十円、百円とお金が入り、この春には六百三十五万円になり、ユニセフに届けられました」と語ってくれた。

キミちゃんの不幸を癒す〝貧者の一灯〟の気持のあらわれだろうか。

（『短詩形文学』二〇〇二年七月）

悲しみの消える丘

田口朋子は、芦花中学の二年生。団地から欅《けやき》の大きな幹の下をくぐって学校に通う。この道の垣に槿《むくげ》の花が咲いたり、ダチュラが顔を出したり、涼しくてとても好きな道である。

この道は、このまま真直ぐ進むと、八幡山《はちまんやま》に出る。朋子は右に曲がっておなじような露地を進み、中学校の校門に出る。八幡山に別れるところには、別の道がつきあたって少し広場になっていて、志村という表札の門がある。朋子はこの道の角までくると、志村さんの表札を背に少し立ってみる。時計は七時五十分、登校する子たちが、どんどん追いこしていく。とうとう八時になった。今朝も、待った車椅子は現われなかった。

朋子がその車椅子に出逢ったのは、六月の初め、この欅の枝がつくる木立の道でであった。車椅子には、色の白い眸の澄んだ少年が乗っていた。日傘をさして車椅子を押すのは、母親だろうか。朋子は一瞬「中学生だろうに足がわるくてかわいそうに」と同情した。

「おはよう。芦花中学ですか……」

「ぼくはね、八幡中学です。きみは中三なの……」

「いえ二年生なんです」

「大きいから三年生と思ったな。僕はこれでも中三なんだから」

少年は白い歯をみせて微笑んだ。

母親は足をとめて、「この子も芦花中学ならよかったのにね。私たちはつい一週間まえに、所沢から烏山に越してきたんです。病院に都合がいいので八幡中に入ったのです。進行性筋ジストロフィーという難病でしてね。体の調子がいい日はこうして学校に行くんですが、腰が痛む日は寝たっきりなんです」と語ってくれた。

「じゃ」と朋子が右の道に入ると、車椅子は真直ぐの道を進んだ。ふりかえりながら、少年は右手を振った。朋子は人間にはさまざまな困難を抱える人がいて、この車椅子の少年の苦しみについても考えさせられた。

母親は「人一倍元気な子だったんですが、小学三年生の夏ごろから体のようすがおかしくなり、歩くことがぎこちなくなり、立ち上がろうとしてバタッとたおれる」ようになったと語った。

病院はあちこちたずねまわったが、四年生、五年生と筋肉が萎縮し、はじめは自力で片足をひきずって歩いていたのが、六年生になったらアキレス腱がつまって、歩行困難になった。「進行性筋ジストロフィー」と名づけられているように、どんな病院の治療の効果もなく、最近は自分ですわることも、体を支えていることもできなくなった。

雨あがりの晴れた日。六月の半ばの朝、朋子が木立の中から志村さんの家に近づくと、車椅子の母子が待っていた。明るい澄んだ声で少年がいった。

「お早よう。僕まだ名前いってなかったけど、竹内真一っていうんです」

「わたしは田口朋子です。今日はとても元気そうですね……」

というと、少年が「ママ、あれをこの人に渡して下さい」と母親を促した。母親は上着のポケットからハガキの大きさのカードを出して「これは真一が左手で書いたものなんです」といって、それを朋子に渡した。

あこがれよ　仲よくしよう
おまえだけが　ともだちなのだ

朋子はなんどもなんども読んだ。車椅子といっしょに、八幡山近くまで歩いた。

「筋ジスという病気はね、遺伝なんだって。筋肉がどんどん縮まって、歩くことも、這うこともできなくなるんだって。……はじめのうちは絶望的になったけど。だんだん生きられるだけ生きてやろうと思うようになったよ……ミミズだってミツバチだってみんな生きているんだもんね。……生きることにあこがれているんだ。僕ね、生きているかぎり詩をつくろうと思ってるんだ。……」

この日の少年は明るく、さわやかであった。朋子は芦花中学への道に曲ったが、何度も「あこがれ君、いつまでも生きてほしい」と祈りながら歩いた。

九月二日、午前七時五十分。芦花中学に曲る志村さんの門前に、竹内真一君のお母さんが立っていた。ハッとして朋子が近づくと、「お早よう」といいながら「あの子ね、八月二十三日の朝なくなりました……九月の新学期が待ち遠しかったでしょうが、残念でした」といって「これは記念ですからどうか受け取って下さい」と小さなノートを差し出した。

悲しみの消える丘があれば
ぼくはそこに行ってみたい

そして思いきり泣いてみたい
昔の元気なぼくにかえりたい
でも、悲しみの消える丘などない
さがしたけど、どこにもない

朋子は口ずさみながら「さようなら」と涙をポタリとおとした。

真一君のお母さんは、「学校におくれるわね」といいながら、真一君のノートを手渡して、「真一はこの道であなたと出逢うことを、とても楽しみにしていました。あの子に代わってお礼を言います」と深く頭を下げた。

学校の進路相談の時間に、朋子は「中学校の理科の先生となる進路」を変更して「医者になりたい。私立大学でなく、できれば国立大学」と書いた。「また、どうして」と尋ねる教師に、朋子は「筋ジストロフィーという難病に克つために」ときっぱりと答えた。

朋子は「それが真一君の悲しみの消える丘なんだから……」とポツリともらした。

（『短詩形文学』二〇〇二年十月）

子どもを育てたもの

東京というところは「地縁関係」の薄いところで、近隣に住んでいても、何かのつながりがないかぎりは挨拶ぐらいはしても、ほとんどつきあいはない。坂井さんご一家と親しくつきあうようになったのも、一昨年ぐらい前からである。

私もこの土地に四十年、坂井さんも十年住んでいるそうだから「出会い」がなかったのが不思議である。

坂井さんご夫妻は、神田の出版社で共働きをしている。じつは坂井さんの出版社で、いまはやりのリストラがおこなわれ、労働組合の活動家を中心に十三名が解雇された。坂井さんご夫妻も解雇者である。私はその出版社から本を出したことがあることから、労働組合の委員長の中西さんに懇請されて、K出版争議団を支援する会の会長に就任した。

「労働基本権の確保」「雇用の確保」「損害賠償」が目標である。東京地裁の弁論も三回を迎え、支援する会の会合も頻繁になった。何回目かの集まりで書記長の坂井さんを知り、駅を降りてから直ぐ近くのマンションの住人であることを知った。それからは坂井さんご夫妻が、私への連絡係になった。

私の書斎で坂井さんと会うことも多くなり、ときには杯を傾けるようなことも多くなった。ご夫妻ともども明るく屈託がなく、とても誠実な人柄であることがわかった。奥さんは山形の人で、サクランボを届けてくれたり、私の家の手伝いもしてくれ、私たちは大助かりである。

八月のお盆すぎ、その日は坂井さんご夫妻がお昼すぎから私の部屋で「K出版争議団ニュース」の編集をやっていた。私たちが仕事をしている書斎の傍は、植え込みを隔てて道の曲がり角になって通称「広場」といわれる、近隣の子どもたちの恰好の遊び場になっている。この日も窓の外では、小学生たちの賑やかな声がとびかっている。奥さんの話によると、坂井さんの一人息子健君と、遊びに訪れた子たちだという。

坂井さんは「うちの健はわがままです。こうして友達にもまれることが大事な教育だと思っています」と窓の外をのぞきながらいった。

そのうちに部屋の外がさわがしくなってきた。

「うん、何かもめているみたいだな」

「三年生でも、健はおさないですから」

子どもたちは、サッカーボールでシュート遊びをしているようである。ゴールは道路の突き当たりの高橋さんの石塀。私の部屋の横あたりからボールを蹴る。キーパーはこのボールを体ごと受ける。ボールを蹴りそこねて横にそらしたり、塀をとびこえたりしたらアウトである。

どうも健ちゃんがキーパーをやっていて、トラブルが起こったようだ。同級生のミチオ君、コウイチ君、ススム君たちがシュートしたボールについて、健君が怒って、ボールを高橋さんの庭に投げこんだのである。

ミチオ君、コウイチ君が「坂井君ルール違反だよ」と怒り、健君は、「どうして僕のときだけ、あんな強いボールを蹴るんだよ」と泣きわめいている。健君は両親が近くに居ると思っているので、一段とトーンをあげる。

「坂井君、僕らはきみの時だけわざと強く蹴っていることはないよ、君がボールを手でつかもうとするから強く感じるんだよ、体で受けてみなよ」

この子は背が高く、仲間のリーダーらしいミチオ君である。

健君は泣きながら、「きみたちはいっしょになって、ぼくにだけ強いシュートをとばしてくるんじゃないか、みんながグルなんだから、ぼくはもうやらないよ」と叫ぶ。

ススム君は高橋さんの庭からボールを拾ってきて、「健ちゃん、ボールは君みたいに手先でとろうとしたらだめなんだ、こんなふうに胸でうけて抱くようにしないと」といいながら、ボールを軽くコウイチ君のほうに蹴ってみせてくれた。

そして体の小さなコウイチ君は、「健君、練習したら誰でもうまくなるんだよ。泣くのをやめて練習再開だよ、さあ、いこう」とボールを蹴った。

こんどはミチオ君が、ススム君に強いシュートを送った。ボールは外れて塀にドーンと当たってはねかえった。

「さあ健ちゃんいくぞ」ススム君がいうと、健君も仲間に入って来てボールを蹴った。元気になった健ちゃんが、明るい声で「いくぞ！」とシュートを打った。いいシュートだったので、みんなの歓声が湧いた。

子どもたちのなりゆきに耳をすましていた私も、なんとなく一息ついた。

坂井さんの奥さんは、外のようすに胸をなでおろしたようで「ああよかった」と胸をなで下ろして「子どもって、とても公平なんですね」と感にたえないような声でいった。

「母さん、これからの健は、仲間にもまれなくちゃ、自分の考えを通していけるたくましい人間にはなれないね。ぼくはね、子どもというのは、われわれ大人社会の大人よりもはるかに立派なことがあるように思うな。子どもは大人の父親、というコト」

「坂井さん、そのとおりですよ。わたしも長いこと教師をやってきましたが、ときには子どもは教師よりも立派な教師になると思います」

私は坂井さんにビールを注いだ。

おいら岬の　灯台守は
妻とふたりで　沖ゆく船の
無事を祈って
灯をかざす　灯をかざす

久しぶりに坂井さんの「喜びも悲しみも幾歳月」の美声を聴いた。

(『短詩形文学』二〇〇二年四月)

『たそがれ清兵衛』を観て

もう十年以上も前のことになるが、映画監督の山田洋次さんと、何度か雑誌の対談をした。何作目かの『学校』が話題になっていたころである。

何かの拍子で山田さんが「そのうちに僕も時代劇を映画にしますよ。それもね、黒沢映画にひけをとらないようなものをね」といわれたことがある。その話はそれだけのことだったのだが、今年になって「山田洋次の初の時代劇」がマスコミで話題になった。それも時代小説の第一人者、藤沢周平の作品の映画化というのだから、胸が鳴ってくる。

藤沢の作品の舞台の多くが海坂藩ということになっているが、これは幻の藩であって実在はしない。ただ藤沢は山形の鶴岡市の出身で、作品の中には鶴岡の町、商店、川、橋と思われるところが出てくる。かつて井上ひさしさんが、藤沢作品地名めぐりを一冊にされたことがある。

好奇心のつよい私は、ある夏、鶴岡を訪ね、井上ひさしの地図帖を片手に海坂藩を訪ねまわったことがある。そのとき学校時代に「藤沢と同級生でした」という人に逢ったり、温泉旅館でおかみさんから「先生はここにもよく見えました」という話を聞いたりした。

私が藤沢周平にこだわりつづけた第一は、彼が山形師範学校出身の教師で肺結核を患って挫折をし、それが小説家への転向の原因になったという、挫折に伴う鬱屈した生きざまが好きだからである。そして時代小説を書いているようで、時代や状況をこえて、今日的状況を描こうとしていることにも共感できる。藤沢が亡くなってから、元気をなくして、ほかの時代小説などふりむきもしなくなったものである。

山田洋次さん。近くに住んでいる関係で親しくさせてもらっているが、『男はつらいよ』シリーズ、『幸福の黄色いハンカチ』『学校』など、数かずの心に残る傑作を生み出した日本映画界の巨匠である。山田さんという人は、どんなテーマでも精細にリアルに描いて、人間の幸せとはどんなことかを訴えかける人である。だから人間を誠実に追求し、生き生きと描いてきた。

小説と映画でジャンルはちがうが、藤沢周平も一般庶民の側に身をおいて、目立つことのない庶民の仕事ぶりや勇気を描いている。山田さん同様、真の幸せを求めつづけたといってよい。

この映画は、藤沢周平の『たそがれ清兵衛』と『竹光始末』と『祝い人助八』の三作を巧みに一つの物語に組みかえてつくってある。主人公の井口清兵衛は、幕末、東北小藩の下級武士で、篤実に城に出仕をして仕事をこなしている。妻は労咳で寝たきりであり、子ども二人を抱えて生活に追われ、暇があれば、内職の虫かごづくりに追われる。清兵衛は下城の太鼓が鳴ると、さっさと仕事を片づけ、仲間の誘いも無視して家路を急ぐ。「たそがれ」の名がついたゆえんである。清兵衛は貧困で、遊ぶ余裕などなかったのである。

藤沢の作品には「上意打ち」という藩政時代特有の事件が描かれている作品がある。『竹光始末』の落魄の下級武士、丹十郎が「上意打ち」の沙汰をひきうけ、そのかわりに仕官をめざすところがあり、そのさい丹十郎は竹光を腰に小太刀で戦うことになる。この部分が、じつに巧みに使われている。

女房に死なれた傷心の男やもめは、汚い恰好で、だらしなくなり、異臭にまわりが鼻をつまむ。この三つの作を巧みにつないで一つの物語りに組みかえているところに特徴がある。映画の主人公清兵衛は、『竹光始末』の小黒丹十郎を演じ、他方では『祝い人助八』の伊部助八を演じているように思える。

つまり藤沢は、全然別べつの作品として書いているのに、それぞれの主人公は「貧乏」で、「篤実」で、「家族を愛し」、「剣の使い手」という共通の特質を持っている。

清兵衛は、無精ひげを生やし髪を整える暇もなく、継ぎはぎだらけのみすぼらしい風体で日夜内職に励んでいる。下級武士というのは、このようにせつない階級であったのだろう。山田監督は藤沢の視点をおさえて、さらに視覚化という点で武家社会をリアルに描き出す。

映画である以上、娯楽性は必須である。時代劇だから、物語の展開過程で刀を合わせる活劇が二度ある。最初は、親友の妹が酒乱の夫と別れて実家に戻ってきているとき、その前夫が妹明江を追ってきて、清兵衛はいいがかりをつけられて、決闘を受けることになる。

この決闘で清兵衛の剣の技は冴え、藩内に使い手として知られる。藤沢作品には、藩の主流、反主流といった閥が描かれ、その抗争が人脈をつくり、藩主を動揺させる。ここでも藩の主流派が、反主流派の剣客を斬れということになる。

これは「藩命」である。この「藩命」が小太刀の剣客と名が出てきた清兵衛におりる。「拙者にはそのような力はございません」といくら辞退しても「藩命」は絶対である。

運よく命を果せば「五十石に少しの加増はあろう」といわれる。下級武士が、命をもとでに貧困からぬけ出るチャンスである。

暗い家の中での決闘のシーンは、息づかいと剣の煌めき、斬り合うのみで凄惨である。長い斬り合いの果てに、清兵衛は返り血を浴び、傷だらけになって、肩で息をしながら娘たちの待つわが家に帰ってくる。二人の娘は「おとはん」と抱きつき、清兵衛は「帰ったぞ」と肩を抱きしめる。

映画が終わってまわりをみたら、中高年の男性が多かった。ラストシーンで拍手をしたのは、この人たちだったのだ。


(『短詩形文学』二〇〇三年二月)

吉村昭という作家

もう十年以上も前になるが、作家の吉村昭氏と雑誌の依頼で対談をしたことがある。『仮釈放』という名の作品が出たばかりのころで、その小説のテーマであった「社会と折り合える人間」と、「なかなか折り合えない人間」のことをお話ししたように思う。

「折り合える人間」は「正常」で、容易に「折り合えない人間」は「異端」というレッテルが貼られる。戦前から戦後を生きてきた人間は、戦前と戦後の激変を体験してきたはずである。戦前から戦後の落差の大きさに、容易に適応できたものは「正常」で、なかなか適応できなかった者は「異常」ということになる。

吉村昭にしろ、城山三郎、藤沢周平にしろ、同年代の作家には、戦後への違和感がつよいと思われる。作家にとって、いまの社会や時代の風潮そのものが「皮膚になじまず落着かない」のである。そんな作家の感じとったものが、作品に反映している。

吉村は、一人前になるまでの遍歴からして紆余曲折に富んでいる。下町の中小工場に生まれるが、戦火が東京を包むころ肋膜炎を患う。その後、学習院高等科に入学するが、肺結核による大手術を受け、三年間の療養生活を余儀なくされる。その後、学制改革で学習院大学に入学するが、体育が必修科目であったため退学をする。大学中退ではちゃんとした勤めは無理ということで、協同組合に就職し、小説を書こうと考える。

ところが兄貴が怒って「お前は頭がどうかしているんじゃないか。わが家は代々商家で小説家の血など流れていない、もっと地道に考えろ」といった。

そのころの吉村は、小説を書くことに夢中であったという。協同組合の仕事は三年間つづけたが、吉村は小説の修業に懸命で、会社から帰って夜中の二時ぐらいまで書きつづけ、寝るのは朝になってから。電車の中でも画板の上に原稿用紙をひろげて書きまくった。おかげで芥川賞の候補に挙げられたが、それきりで入賞はしないし、候補作品ていどでは注文もこない。それから十年ぐらい後で『星への旅』で太宰治賞を受賞した。黙々と苦難の旅をつづけたが、ここで文学界に名のりを上げることができた。

吉村が『仮釈放』を書いたのは、それよりも後のことだが、その主人公というのが平凡な高校教師だったので、私はその主題に魅きつけられた。平凡な教師であった主人公は、自分を裏切った妻を殺し、さらにその愛人の母まで殺傷する。そして主人公は無期懲役の刑を受ける。彼は十三年間、黙々として服役し、ある日、仮釈放をされる。主人公は、その期まで二坪たらずの空間の中で、息がつまるようなくらしをしてきた。それが仮釈放で保護司に引きとられて、社会復帰の道を歩きはじめることになる。

そこは都心の新宿の一角で、深夜になっても刑務所のなかとちがって、車の音、人声、駅のホームのベルなど雑音の中にいる。

主人公は、「いまの世の中で、十三年間も隔離されていたということは、現代的感覚をマヒさせる」と実感する。デパートに入って、人びとのざわめきでおどろき、エスカレーターに乗るのもこわくて一歩手前で躊躇する。

この主人公が、もっとも適応できなかったのは、高速道路に乗ることであった。保護司はライトバンで「少し急ぐから」という理由で、首都高速に乗った。運転をする保護司のかたわらで、主人公は体をコチコチに固くして、窓の外に飛びさる景色から眼をそむけた。いまにも並行して走っている自動車と接触事故でも起こしそうに思えて、ドアの上の把手をわしづかみにし体をかたくした。彼は、車のなかで生あくびをくりかえし、車を降りたとたん、吐いてしまった。

現代社会に「折り合えない人間」というのは、この高速道路を走る主人公のようなものである。保護司との時間をかけたつきあい、いろんな原体験のつみかさねで「折り合いをつくっていく」ことになる。

私は歴史小説が好きだが、現代の好きな作家はと問われると、ためらわず「吉村昭」と答える。「幕末史」に明るくて、とくに『天狗争乱』や『桜田門外の変』はすぐれている。こんな日本歴史の大問題にしても、私の知るかぎり、研究者はそういないものである。

吉村昭は、鬱積時代を手さぐりで歩いてきた人だから、なっとくが得られるまで林を分け入り、雑草の根まで分け入ろうとする。あるいは研究者の領域かもしれないことを、自分の足でふみこんで調べる。あらゆることは調査からはじまり、それでであるなっとくがいかないかぎりは、ペンをおこさない。

『戦艦武蔵』『関東大震災』など、調べ作業の極に作品がある。

吉村の作品をよく読んでいる人が、こんなことをいう。

「とにかくひきつける力がつよく、どんどん奥に奥にひきこまれていく。そうして読んでいって最後のところにくると、違和感が湧いてくるんですね。あとは自分たちで適当に考えなさいよといった、冷たいものを感じてしまう」

私も吉村昭という人は、素直に物を書く人とは思っていない。やはり、戦争体験もなく、病気に明け暮れた日々というものが、彼の作品に投影しないはずはないわけで、作品の中の屈折というのは、そこからくるのだろう。

さきに書いた『仮釈放』にしても、自己体験の闇からぬけられない悲しみが、のべられているように思う。

（『短詩形文学』二〇〇三年十一月）

世界に誇れる日本人

二〇〇一年九月十一日に、ニューヨーク世界貿易センタービルのテロ事件が起きてから三年ちかくたった。『朝日新聞』の「朝日求人」の欄を何気なく開いたら、「私はその時、そこに居た」という女性の写真と談話がのっていた。

この女性、知っている。少し大人っぽくなったが、私どもの中学・高校を出た堤未果さんだ。面長の顔、涼しげな眼、笑ったとき見せる八重歯、髪が長いのも昔と同じだ。あの頃、生徒会の議長をやっていて、大勢の生徒を前に、歯切れのいい話をしていたものである。英語力が抜群で、卒業するとすぐアメリカに行き、ニューヨーク市立大学で学び、大学院を出た後、現地企業で働いていた。

彼女の消息は、何人かの友人が伝えてくれた。それはニューヨークのあのテロ事件の朝、八時すぎに「堤さんはすぐ隣のビルの一室で仕事中だった」という。断続的に二機が突入したそうだが、ビルは激しく揺れ、階段を争って駆けおりたそうだ。

彼女にいわせると「やがてツインタワーは炎を上げ、四十分のうちに五千人もの人が下敷きになり、命からがら悲鳴の中をにげのびた」という。日本の新聞でも、破壊されたビルの中から、遺体を収容する作業が連日つづいたことが報道された。

「泣きながら家族を探しに来る人びとや、命がけで救出活動をする救援隊の人びとを見ていると、国家や宗教、民族をこえた同じ人間として突き動かされるものが、内面からじわじわと湧いてきたものです」

彼女は、興奮を抑えながら語りつづける。

「そのうちに、当時のアメリカに怖いものを感じはじめました。ブッシュが〈正義の報復を果たす〉ということが、いつのまにかアメリカの空気になったからです。ごく普通の暮らしをしていた人が、ひとつのきっかけで憎悪を集団化し、戦争や暴力も当然だと正当化するようになります。テロが起きてから、テロ撲滅、イラク戦争気運が高まり、戦争反対の世論に対する攻撃は、短かい時間経過の中で、沸き上がるように速い速度で展開しました」

堤さんは、テロをきっかけに、アメリカ全部が「反テロ」から「正義の報復」に変わっていく過程を、怒りを抑えながら体感してきた。そしてひとりでもふたりでも、同じ思いの仲間と誘い合って「冷静をとりもどそう」と運動を広げることになる。会社の勤めをやめて、テロ事件以降の世界の動きを、小説『最後のラッパ』として書き上げることに集中する。

テロ事件の報復として、アフガニスタンやイラクの多くの人びとが殺され、その報復はさらに新たな殺人をひきおこしつづける。堤さんは、そんなさまざまな国々の現実を取材し、暴力は正義の敵だということを説いてまわる。

『最後のラッパ』は、国々の生活や文化の格差、文化や宗教の違いを認めたうえで、「いま」を、それぞれがひたむきに生きる姿を浮き彫りにしている。さすがにニューヨーク市立大学大学院で、国際関係論を学んだだけに、人権感覚が研ぎすまされている。

そういえば彼女は、中学・高校をつうじて生徒会活動のホープでもあった。高校生徒会の総会で論争になったことがある。

三年生の男子生徒の、「男と女はそれぞれ違うのだ。その違いを認めないで、いっしょくたに平等をいうのはナンセンスだ。違いがあって当然なものを、それを差別だとさわぐこと自体がおかしい」という発言に、「そうだ！」と拍手が湧いた。

これにたいして、二年生の堤さんはいった。

「男と女の違いはそのとおりです。違いは認めるし、それは当たり前のことです。しかし、男と女は違うのだから、学ぶことでも男にはやらせるが、女ははずすとか、その逆に男にはやらせないとか、そんなのはおかしいと思います。人間には違いはそれぞれあっても、差なんかないのですから、いまの発言は非常におかしいと思うのです……」

この時の細い容姿の堤さんの発言を思い出したが、猛者ぞろいの男子生徒たちに臆することなく、やさしい言葉で語ったのをふと思い出した。

アメリカ大統領の「テロ報復」発言は、日本や英国が共鳴する一方、ドイツ、フランスなどでは強い反発をまねいているし、アメリカ国内でも反省の声しきりである。堤さんという日本女性の訴えも、あちこちの新聞で紹介され、注目を集めているという。

堤さんは、アメリカから発信をつづけている。

先日、雑誌に彼女の論評が紹介されていた。それは「徴兵制と女性」という短いものであったが、見落とされがちな論点だと思った。

徴兵制の問題が、真剣に論じられるようになってきた。自衛隊の海外派兵となったら、二十万や三十万では不足するのは眼に見えているのだから、徴兵制が俎上に上がるのには、必然性がある。そのとき、それは男性のことであって女性には関係がないと思う人が、大部分である。……苦労して育ててきた息子が二十歳になったら軍隊にとられ、戦死することも起こる。あとに残されて、女手一つで子どもを育てる妻の悲しみは、いかばかりか。未婚の女性にとっても、結婚の相手を徴兵制でとられて、男性が少なくなるということは、重大な問題である。たとえ当面は男性に限った徴兵制でも、それは女性にとっても重大だという捉え方をすべきであろう。

いま、彼女の著書『最後のラッパ』を手に入れたいと注文中である。

こんな昔の生徒の活躍ぶりをみるのも、教師冥利というべきだろうか。

（『短詩形文学』二〇〇三年十二月）

ふるさと熊本

伊万里焼を訪ねる

佐賀に行った。用事は唐津であったが、伊万里までまわり道をすることにした。バスで松浦川に沿って、まわりの景色の変化をみながら一時間半の道のりである。

伊万里といえば、佐賀藩の藩窯の栄えたところである。伊万里は海に近いとはいうものの、国見山《くにみやま》の高原にかこまれた町である。昔は人跡《じんせき》果つる辺境である。

豊臣秀吉が、朝鮮に出兵し、かの地から多数の陶工を連れてきて、この陶工たちに陶土をさがさせたという。陶工たちは、この国見山のザックリとした人間くさい土を選んだという。ここで独特の陶磁器づくりがはじまるが、この山を背おった土地のおかげで、この狭いところに藩陶の伝統は守られた。

泉山の今泉窯を訪ねる。十三代にわたって、鍋島焼を守ってきた、今泉今右衛門の窯である。

まえの晩、宿の主人にたずねたら「そりゃ今右衛門さんでしょう。名人ですからね。あの染付有田のわざは超一流ですよ。電話で紹介しときますよ」という話であった。

朝からどきどきしながら名人のところに伺ったら、七十代のざっくばらんな人が、にこにこしながら現れたのでびっくりした。

「今日は一つ窯があきますので、ちょうどよかったですね。見て行って下さい」

ということで、僥幸をよろこんだ。

しばらくの間、座敷につづいた作品展示の大きな棚を見てまわった。

「ここは、佐賀藩直営の赤絵師の直系の家でありますので、磁器の上絵塗り、色鍋島の上絵付を担当したところで、俗に窯焚きといわれるものの、絵描きのほうだったわけだすな。わしは旧制の中学を出たのち、東京に出て、中村研一という画伯に師事し、その後、東京美校で洋画をやりました。こうしてみますと、何の変哲もない壺や皿や茶碗ですが、白生地に色絵をつけたり、吹墨《ふきずみ》といって霧のように墨を吹きつけたり、伊万里独特の技法をほどこすんですね」

名人という尊大さなどどこにもなく、今右衛門さんは、私とならんでラフな恰好で室内をまわる。そして大きな花瓶の棚の前に立ちどまり、いわれた。

「これはね、この家の一番の代表作、色絵吹墨薔薇文花瓶でして、もう二十年も前の作品ですが、色鍋島の世界に吹墨技法をとりいれたもので、今でも私は時折、この作品の前に立って襟を正すものです」

こう話をするときの今右衛門名人は、いかにも楽しそうで「また創ってやる」という意欲にみちていた。

作品展示場は二間も三間もつなげて、ずいぶん広い。大壺や大皿、茶碗などみてまわるうちに、笹文や葉鶏頭を描いたようなもの、そのどれをみても、身辺の素材とモデルをもとに、ブラック、マチス、ルオーなどの西洋近代画の技法を再現されている。西洋の模様、和風の文様、アールヌーボーの技法がのぞいている。もちろん、真白の磁肌に緑と青で抽象的に笹輪を描いたものなど、作品は多種多様である。

「おっしゃるように作品には、ブラックやマチスの反映もありますし、私たちの身辺の草花、更紗模様などもあります。作者の人間性、自分の思い、感情を表現することが基本です。そこの色絵吹墨珠樹文花瓶は、約一尺の高さですが、飛鳥仏の豊かな心を表現したつもりです」

といわれた。

「一杯お茶を召し上がったら、染付工房から素焼、本焼、赤絵窯と三つの窯をみてまわりましょうか。ここで仕事をしている人は、全部で五十人ぐらいです」

今右衛門さんの少し広い仕事場につづいて、皿や茶碗に絵付けをする工房がある。ここでは十数人の若い女性が染め付けをしている。

その隣りは、この土地に採れる素地土、胎土などに天草島の土などを交ぜて、それぞれの壺や大皿などをつくる土工房である。十人以上の人が、それぞれの工程に沿って、土をこねて器をつくっている。

この隣の部屋が仕上げの部屋である。思い思いの恰好をした人たちが、それぞれが土をこね、ロクロをひいて皿や茶碗、壺をつくる。部屋の窓際に並べられた作品は何百か。まさに壮観である。

窯は素焼、本窯、赤絵窯の三つから成る。

三時から赤絵窯が開けられるというので、近所の蕎麦屋をまわって、また伺った。

煙突のついている一番大きな窯の前に、今右衛門さんが立ち、番頭たち数人が見守る。

「さあ開けよう」

今右衛門さんの合図で、それぞれが手わけをして窯の前に立ち、扉をこわす準備をする。

煙が舞い上がり、粉塵が吹き出し、ついで今右衛門さんが窯の中から台車を引っぱり出す。まわりから「やったぁ」「できたぞ！」といった歓声が上がる。

今右衛門さんと、番頭さんが二人で、色鍋島の大皿、茶碗、壺、湯呑などをとり出し、手ぎわよく台の上にならべる。融通無碍なる絵模様が、華やかに庭をいろどる。窯があいたのを聞いて、集まった人でまわりがいっぱいになる。

そのうちに今右衛門さんが、これはよし、これは失敗だ、そちらの花文の花瓶よし、その湯飲み残念だ。

三百点に近い作品のうち、今右衛門さんの眼鏡にかなったものは百点余り。番頭によると二百点余りは、壊されるという。

私は、分けてもらった薊《あざみ》形小鉢を鞄の中から出してみながら、バスに揺られて佐賀に向かった。

（『短詩形文学』二〇〇四年七月）

山頭火と熊本

種田山頭火は、明治の半ばに山口県防府に生まれ、昭和十五年に五十九歳で亡くなった。山頭火は、生前にはさほど知られていなかったが、没後、その稀有な生涯と異色の俳句によって有名になり、最近になって、自由律の俳句とともに、山頭火ブームがもたらされた。

私がこうして山頭火について書いておこうと思い立ったのは、父が俳句をたしなみ、句集を調べてみると、山頭火の影響らしい自由律俳句の傾向をみることができるからである。

父が俳句をやったというのは、常楽寺の小坊主をやったころで、大正七、八年ごろと思われる。山頭火と私のふるさと、熊本とのつながりはどうか。

燕とびかふ空しみじみと家出かな

という山頭火の句があり「破産出郷のとき」とある。山頭火と熊本とは、直接には縁がないので「どうして」ということになるが、山頭火が妻子をともなって熊本に来るのは、大正五年、三十五歳の時で、酒造業で失敗して一文なしの状態だったという。

熊本市下通町一丁目に「雅楽多《がらくた》」という古書店があり、私の学生時代は「額縁店」をやっていたが、そこが山頭火の第二の人生のよりどころとなったのである。

妻サキノの才覚で、熊本に古書店を開くことになったのだろうが、「転居後四旬、私の心は今なお落ちつかない」と書いている。この後、市郊外の味取《みとり》観音堂の堂守になって、山林独住「それに飽きると放浪行乞《ぎょうこつ》の旅に出る」という放浪の人生となる。

彼の人生の中で、わずかばかりふつうの人間らしい生活をしたのは、熊本での大正八年までの数年間であったのだろう。

熊本の街というのは、森の都といわれるほど樹木の多いところだが、その青葉、若葉の下で「山頭火」は、しばし落ちついたくらしをした。

若葉若葉かゞやけば物みなよろし

山頭火の現在の生活への満足感の心情があらわれている。熊本には昔から詩歌を愛する人びとが育ったが、これは第五高等学校というインテリを育てる学校があったからだろう。兼崎《かねざき》地頭孫《じとうそん》、茂林唯士などがそうだが、山頭火が参加したことで、地元の後藤是山、上田沙丹、工藤好美、安永信一郎なども大いに誘発されて、俳句や短歌もさかんになった。

私の父がこのような同好の集まりに顔を出し、背伸びをしながら句作をしたのも、このころ数年間のことだっただろうと思われる。それらしい「句作」のあとをみることはできるが、明確に山頭火や茂林唯士らとの交流を示すものはない。

おりからロシア革命がおこり、世界史的な一大変化が生起するさなかで、茂林は後に有名な研究者になった人だが、同人たちの句にも社会や思想のことが反映していたにちがいない。そのころの作品に、次の句がみられる。

さゝやかな店をひらきぬ桐青し

店は開いたが、田舎町のことで売れゆきもさっぱりで、親子三人が食っていくのも、きびしかっただろう。店のほうは妻のがんばりでもっていた。

のちに、「無駄に無駄を重ねたような一生だった。それに酒を注いで句が生まれるような、無頼の生涯だった」と書いているが、生真面目にこつこつと生涯を切り拓いていくような生き方のできない人間であった。額縁の行商に歩きはじめるが、もともと上手な話ができるような人間ではないので、二、三軒まわると商売にあきて、悪友を誘って飲み屋に入る。飲みはじめると際限がなく、彼にいわせると「はじめほろほろ、それからふらふら、そしてぐてぐて、ごろごろ、そしてぼろぼろ、どろどろ」になるまで飲むことになる。

山頭火という人は、いいかげんな酒好きの人間であったかというと、決してそうではなかったと思う。才子にありがちな平凡な生活の中に自分を埋没してしまうことのできない、生きざまをしていたといえる。山頭火は、自分の生きざまがとてもむなしくなり、ときには売上げ金も行商の品もはたいて、飲み賃にすることがあった。無銭飲食で警察に連行されることもあった。常軌を逸する愚行をかさねた。自分がいやになって大正八年春、ふたたび東京に出るが、友人たちをたよってしばらく仮寓のくらしをするものの、大正十二年九月、大震災にあいふたたび熊本に帰ることになる。しかし酒を飲んで愚行を繰り返す傾向は、いっそうひどくなっていた。

熊本市の公会堂の前を走る路面電車の線路に、仁王立ちになって電車をとめるという事件が起こった。急停車したため横転した電車の乗客たちは怒って、山頭火をとりかこんで騒いだ。このとき『熊本日日新聞』の記者が、中に割って入り、山頭火を禅寺の報恩寺につれていった。これが縁で、山頭火は出家して禅門に入るのである。味取観音堂の堂守になるのは、報恩寺とのつながりからである。家の庭にずだ袋をさげ、鉦をならして托鉢にまわる。銭、米、麦、わずかばかりの喜捨によって命を支えた。行乞の旅は、九州一円におよんだ。山頭火はひたすら歩いた。そして句作は、やむところがなかった。

分け入っても分け入っても青い山
炎天をいただいて乞い歩く

昭和四年四月の日記に「阿蘇内牧温泉に憩う」とあるが、このとき、父は山頭火をたずねなかっただろうか。次のような父の一句がある。

山の青さにみんな染まりおり

（『短詩形文学』二〇〇三年八月）

五足の靴

恒例により、ことしも夏は熊本に帰った。

教え子の平原君が「どこか出かけますか」といったとき、私はためらうことなく「天草島にしよう、大江の切支丹遺跡がいいな」と所望した。

教え子たちと私をいれて五人、私の頭の中にはその昔、一九〇七（明治四十）年の夏、新詩社の同人与謝野寛、平野万里、木下杢太郎、吉井勇、北原白秋の五人が、天草から島原への旅をし、それを「五足の靴」（五人連れの旅）と呼んだことが浮かんでいた。「われわれも五足の靴」でいくかと、天草ゆきのワゴン車のひととなった。

天草は、大矢野島、上島、下島から主としてなりたち、八八八平方キロもある群島であるが、いまは熊本の宇土半島と五橋で結ばれ「離れ小島」ではなくなっている。

作家の獅子文六は『南の風』の中で、「この島は風光明媚なること、ちょっと類がなく、東海岸の多島海的特色は、松島と瀬戸内海を兼ねたようで、西海岸の海岸美は、頼山陽が詠んだごとくである……」というように表現している。

私たちは天草自動車道で五橋をわたり、上島から本渡町を経て下島をつっ切るかたちで、移り変わる山と海の景色を堪能しながら、天草灘に面する西海岸に出た。そして瀟洒な天主堂の建つ崎津に出た。足を踏み入れると、和洋折衷でほっとする村の教会である。

それから、すぐ隣りの大江天主堂に向かった。白亜のモダンな天主堂でステンドグラスが陽に映えていた。天草のキリスト教伝道に生涯を捧げられたガルニエ神父が、全財産を投じて建立されたという。華麗である。

さて「五足の靴」のことにふれておかなくてはならないが、白秋の手記によると、鉄寛ら五人は、長崎に一泊し、茂木から海上富岡に至り、それから大江までの三十二キロ、それも山道の悪路を息も絶え絶えになって歩いたという。白秋が、「疲れた。昼食まで寝て、それからようやくに小高い所にいたる天主教会を訪ねた」と書いているぐらいである。

寛は三十五歳だが、あとはみな二十歳前後の学生で、活力もっともさかんなときのはずだが、山道は嶮阻であった。

なぜ彼らはかくも天草、とくに大江にこだわったのか。それは天草で江戸時代にキリシタンが島全体におよび、島原、天草の乱から禁教以降も、隠れキリシタンとして強烈な信仰を保ってきた歴史を知っていたからである。カトリックの信仰が村人たちの中にうけつがれているということは、ロマンチックな文学青年たちにとって、エキゾチックな夢をかきたてるのに十分だった。

ここでキリシタンの歴史を少しばかりたどってみよう。

キリスト教は、もともとヨーロッパの宗教だから、日本の海外交易が発展するに伴って、外人宣教師の渡来もふえ、家康の時代には信徒は全国で七十万をこえた。

天草や島原は、ことに信徒の多いところで、天草のイエズス会の学校では、ポルトガル語の書物も出版された。

やがて、オランダが対日貿易にのり出し、ポルトガル、スペインを敵視し、家康に接近したので、家康はキリシタンの禁制をうち出した。各地で激しい迫害があり、殉教する信徒もあらわれた。

このキリシタンの信仰に殉ずる姿が、家康のキリスト教へのおそれにもつながった。伴《ば》天連《てれん》(キリシタンの神父)の追放、教会堂の破壊、火焙り、打首などその迫害はすさまじかった。そして、一六二三(元和九)年の鎖国となった。

九州は南方に近く、キリシタンが多かった。天草は、キリシタン大名小西行長の領地、島原は有馬氏の領国であったから、ともに信徒が多かった。

一六三四年いらい、農作の凶作がつづき、農民は飢えとたたかったが、領主は容赦なく年貢を取りたてた。踏絵を強要して、キリシタン信仰を持つ農民は竹鋸で引ききるというような残酷な迫害をし、年貢未納の者にも重い罰をあたえた。

天草、島原の農民は、三万五千人が団結して幕府に反抗した。やがて一揆の勢力は、島原の南端原城に立てこもって幕府と闘うが、城壁には十字架と聖像を描いた旗が掲げられたという。

このような迫害の中でも、表面は棄教したと見せながらひそかに「でうす」(造物主)を信仰する「隠れキリシタン」が存在した。天草の僻地今津、高浜、崎津、大江などの村々には、三百年も信仰の灯をひそかに守ってきた人びとが生きていたのである。

大江で一泊した彼ら五人は、翌日の昼、坂の上の天主堂にいたる。当時は、瓦ぶきの平屋であった。フランス人で日本に来て十五年間司祭をしたという、白髪のガルニエ神父が応待する。土地の方言もすっかりみにつき、従僕に「茂助、よか水を汲んで来なっしゃれ」と、一行に冷たい水をふるまったという。

土地の人はガルニエ神父のことを親しみをこめて「パーテルさん」とよんだようだが、一行もいつのまにかパーテルさんに「隠れキリシタン」の習俗などを学んだようである。私たちは本格的な天主堂になった教会、資料を蒐めた「ロザリオ館」をまわって「五足の靴」の九十数年前を思いながら、その旅行が日本近代文学史の一ページを綴ったことを理解した。

北原白秋の詩集『邪宗門』には、このときの鮮烈な印象がうたわれている。

天艸雅歌「ただ秘めよ」

曰《い》ひけるは、
あな、わが少女《をとめ》、
天艸《あまくさ》の蜜の少女よ。
汝《な》が髪は烏のごとく、
汝が唇《くち》は木の実《み》の紅《あけ》に没薬《もつやく》の汁《つゆ》滴《したた》らす。
わが鴿《はと》よ、わが友よ、いざともに擁《いだ》かまし。

(『短詩形文学』二〇〇二年三月)

下条靖という校長

私は学徒動員の第一期であったが、敗戦で命びろいをして帰郷した組である。「忠義を重んじ、天皇、国家への忠誠心」を叩きこまれてきたので、戦後、日本の急激な変化には到底ついていけなかった。母とともに、農作業に精出す日常であった。

その母が敗戦の翌年の九月に「あんたの友だちはみんな戦さで死んでしもうた。あんたは死んだ人のぶんまでがんばらにゃ。子どもたちに、戦さはいけん、命を大事にしな、と教えるべきじゃないか」と真剣に語った。

復員してすぐ、熊本師範学校（のちの熊本大学教育学部）の付属国民学校から何度か誘いがかかっていた。母の説教で、教員への道を考えはじめ、十一月には付属国民学校の教員になった。

この年の十一月には、日本国憲法が公布される。さらに次の年の三月には、教員の憲法とでもいうべき教育基本法が公布された。これで六・三制がはじまることになり、この一九四七年四月から、戦後新教育の幕開けとなった。天皇主権から国民主権へ、憲法原理の転換に即して、教育でも、平和で民主的な国家の建設をめざすことになったのである。

私は六・三制によって中学校教諭になったものの、古い教育を身につけているので、新しい体制のもとで生まれかわろうとする職場で、自己変革のために四苦八苦した。

そのときの校長は、下条《しもじょう》靖《やすし》という風変わりな先生であった。師範学校では応用化学を教えていた。小柄でにこやかな顔であったが、いつも酒の臭いをぷんぷんさせていた。校長の机の下には一升ビンがかくされていて、校長はお茶がわりに茶碗酒を飲んでいた。東北訛りの人で、話はにがてのようだったが、教育基本法発布を間近かにひかえて、どこの職場でも、校長が基本法の精神や内容の講義をすることになっていた。

下条校長は赤ら顔を上気させて、私たちの前に立った。

……前文に日本国憲法で、民主的で文化的な国家を建設して、世界平和に寄与するとされていますが、この考えの実現は、教育の力にまつべきであろうとしています。……つまり教育基本法は憲法の具体化のためのものです。……皆さんご承知のように、戦前教育は、一旦緩急あれば義勇公に奉じ天壌無窮の皇運を扶翼するべきものでした。……それが真理と正義を愛し、平和な社会の形成者を育てることになった。これは戦前・戦後の抜本的変化です。……

酒の気のない校長の話は訥弁《とつべん》の代表的なもので、とぎれとぎれであるが、職員は熱心に聴き入った。語術は稚拙であったが、私もひとことひとことに深い感動をおぼえたものである。

……私は、この基本法は、義務としての教育から権利としての教育へ……それも平和と民主主義のために生きることを権利とする教育をめざしているといって過言ではない……平和のもとで、国民全体が安心して生きることです……私はいま心から反省しています。師範学校教員としての十一年、その中のこの数年は、生徒を戦場にかりたてる仕事ばかりしてきました。未来に生きる権利どころか、若者を死の絶望にかりたてることばかりやってきました……今日この席にいる丸木君も、私の教室にいた一人です。……君らと同年齢の青年たちは、いま太平洋上の島々で命を賭して戦っている……こんな時期に君らは私のような者の講義を聞いていていいのか。ペンを銃に代えて出陣すべきではないのか。僕の講義など戦争が終わってからでいいよ。……丸木君のように、運よく帰ってきたものはいい……私は三人四人と死んでいった教え子たちに、責められつづけながら生きています。そして、こうして平和の国であってこそ、などと厚顔無恥なことを喋っています。……慚愧《ざんき》の至りです。……

下条校長は眼鏡を外して、絶句した。涙が滂沱《ぼうだ》としてしたたりおちた。私にも下条校長の辛さがわかり、涙を流した。下をむいて涙をかみしめている教師たちも、多くが戦争中の悔恨をかみしめ、これからの自身の生まれ変わりを誓っただろうと思うのである。

当時の中学校は、職員室も教室も、いまでは想像できないほど自由で活気に満ちていた。職員室では、校長、教頭を除く役職は全部、公選で決められた。変転する時勢の中、夜の宿直室では、おそくまで政治や教育論議がおこなわれた。

「墨塗り教科書」で、教材が乏しく、教材の手作りに追われた。学級では「作文」と「自由研究」と「科学」が中心課題であった。しめつけの強いときは何もできないように思えた生徒だが、自由になってみると、ものすごい力を発揮した。

私の学級は、近くのお寺の空地を借りうけて畑にした。私は、百姓仕事なら人に負けない自信があったので、本格的な薯《いも》や野菜作りをはじめた。収穫したものを袋にいれて、嬉しそうに家に土産にする子どもたちをみていると、心がなごんだものだ。

作家の阿久悠が『瀬戸内少年野球団』の中で「たった三年だけど、子どもが大人より偉い時代があった」と書いたが、一九四七年から五〇年というのが、そのときにあたるのだろうか。教育基本法が「活き活き」していた時代である。

朝鮮戦争が始まり、日本国憲法の解釈がかわり、社会の反動化が進むにつれて、子どもたちにも活気が失われてきた。

下条校長は時折、机の下から一升瓶を出して、「飲まなかったのに少し減っているようでありますな」などといって、われわれ若い教師のほうを見て、ニタリとしたものである。

（『短詩形文学』二〇〇三年四月）

水俣病

私の教え子に、大塚正士という子がいる。彼は私が中学教師をしていたころの生徒で、体は小さいほうであったが、頭の切れる素直な子であった。国立大学医学部の進学をめざしていた。

「父も母も弱いでしょう。それに貧乏だから、ゆっくり勉強しているような余裕もないのです」

彼らしい真面目一途な進路希望だな、と思ったものである。それは一九五五年のことである。彼はその後、希望どおり高校を終えると、そのまま医学部に進んだ。

彼と同学年で医学部に入った友人の話によると「大塚君は緻密で探究心旺盛ですから、ひたすら研究にあけくれ、抜群の成績でした」ということだった。

この教え子たちとは、毎年のクラス会でよく出逢ったので、大塚君ともよく顔を合わせた。

卒業後、大塚君は大学の医学部に残った。「きみ、これからはどんな研究をやるのかね」と問うと、まわりの数人が口をそろえて「水俣病です」とこたえた。私は「へえ」といって黙してしまった。私は「水俣病」のことを知らなかったのに、生徒たちは知っていたのである。

数日後、大塚君から水上勉の『海の牙』という小説が送られてきた。この本は、探偵作家クラブ賞を受けた名作である。一九六五年といえば、「水俣病」が話題になりはじめたころで、私は話題におくれていたのだ。

私は数日後、大塚君と逢った。

「私の教室では、このテーマを追っていますので、私もしょっちゅう水俣に行っています。奇病で、手足はしびれ、骨と皮ばかりになって、這いずりまわることになります。学者の中には、風土病説を唱える者もいますが、私どもの大学では、新日本チッソ工業の工場廃液が原因だと考えて、研究を進めています。つまり、工場の廃液が海に流れこみ、その毒のために魚が死ぬんですね。その魚を食った漁師や住民は、さいごは死んでいくんです……」

大塚君との話は、私の熊本時代の最後のころのことである。その後、大塚君の談話の載った『熊本日日新聞』が彼の友人から送られてきた。

「このように工場廃液が病気の原因だという疑惑がひろがっているのですから、その黒白を明らかにするためにも、新日本チッソ工業の水俣工場と熊本大学が共同で、原因究明をすることがいま一番大事だと思います」

大塚助教授談として、こうのべられていた。顔写真も子どもの頃の童顔のままである。

これに対して工場長は、

「私はそれには反対です。因果関係を調べるのは工場の仕事ではありません。調査をするのは政府の機関で、これを裁くのは司法当局でしょう」

と、まったくとりあわない返事をした。

その年、政府は水俣病を「公害病」に認定した。同時に、新潟県阿賀野川流域でも昭和電工の廃液で水俣病とおなじ被害者が出ていることが報じられた。

第一号患者が発生してから十五年が経ち、熊本県の水俣病患者は死者四十二人、患者六十九人（うち胎児性水俣病患者二十人）に達していた。

現地の作家石牟礼道子は『苦海浄土』（講談社文庫）の中で、水銀液を飲んで苦しむ患者のありのままの姿を生なましくつたえている。

　銭は一銭もいらんばい。そのかわり、会社のえらか衆の、上から順々に、水銀母液ば飲んでもらおう。あと百人ぐらい潜在患者になってもらうばい。それでよか……


有機水銀母液とは、「水俣病」の元凶と見なされていた。チッソは、この有機水銀液百トンを、ドラム缶で韓国に輸出しようとして、組合に阻止された。企業というのは、利潤のためなら、たとえ有毒の危惧があるものでも、そしらぬ顔で外国輸出をしてきたのである。

六〇年代から七〇年代というのは、俗に「経済の高度成長」といわれる時期であった。都市では、交通問題、住宅問題、大気汚染、騒音、ゴミ問題などの生活上の問題が生み出された。七〇年代になると、公害問題といえば、大塚正士の名が新聞でよくみかけられるようになった。

「東京をはじめ大都市では、光化学スモッグが発生し、ざっと被害者は五万人といわれます。これは大気汚染の典型で、あちこちの石油コンビナート建設で有毒ガスが発生し、それが患者を増加させているのです。

　大気汚染だけでなく水食品汚染も進んでいます。シアン、六価クロム、ヒ素、鉛、カドミウム、水銀など、有害物質による汚染も進んでいるのです。水銀は水俣病に典型的ですが、カドミウムは富山県神通川流域のイタイイタイ病、カネミ油症はカツオ、サバから広く検出されています。こうしてみてくると、企業と公害は一つになっていて、その犯罪性は明らかです」

これは大塚君から聞いたことだが、じつに鋭い指摘であった。

大塚君がいうとおり、日本経済の高度成長は、騒音、日照権、悪臭、放射能汚染など、さまざまな公害問題を噴出させた。

二〇〇三年三月、大塚君は定年まで数年を残して退官した。彼の友人の話では、「大塚君は万年医学部長候補でしたからね。水俣病は彼にとっても公害だったようですね」ということだった。

その夜、私はひさしぶりに彼に手紙を書いた。

（『短詩形文学』二〇〇四年二月）

わが母

母の三十五回忌を営んだ。
私の故郷は、熊本県の阿蘇山地である。佐佐木信綱にこんな歌がある。

大阿蘇のよな降る谷に親の親もその子の孫も住みつぐらしき　『思草』

故郷は「火山灰《よな》降る谷」である。「火山灰」まじりの米や野菜を、長く食べつづけると、「火山灰歯《よなば》」といって歯がどす黒くなり、不正磨滅をする。小学校の教師の多くは、そのことを知らず「もっとちゃんと歯を磨け！」といったものである。火山灰に歯だけでなく、胃の腑まで黒く汚されるのろわしい土地、阿蘇に、私の家は先祖代々住み継いできた。
阿蘇は、中央に「五岳」という火口丘をふくむ五山が連なり、北に阿蘇谷、南に南郷谷という火口原があり、そのまわりを外輪山が囲繞《いじょう》している。谷といっても、阿蘇谷は東西二十数キロ、南北十数キロの広さだから、そこに住む人からすると「谷」というより「平野」という感じである。土地の形状は、山々、峡谷、段丘、畑、水田、散村と起伏変化に富んでいる。なんといっても四囲が山だから水量が豊かで、どこの家も掘り抜き井戸で、自然湧水に恵まれている。水は清冽で冷たく、遠路古来から茶人たちが水を求めてやってきた。自然湧水がいたるところに小川や溜池をつくり、それが南郷谷の白川、阿蘇谷の黒川となる。

かにかくに渋民村は恋しかり思い出の山思い出の川

と、啄木は望郷の歌をよんだが、その故郷追懐の思いは、自然の豊かさと、そこに育まれた生活に根ざしているといえる。

私はこの阿蘇の山の中で、一九二四年（大正十三）に生まれ、この大自然の巨大山塊の中ですごした。私が豊肥線という汽車に乗って、阿蘇外輪山の外に旅をしたのは、小学五年生のときだから、それまでは阿蘇の外の世界は、まるで未知の世界であった。

私の家は、昔はこの土地の小地主であった。父が五歳のときに、祖父が炭坑経営に荷担して一家が没落し、父はお寺に小僧として預けられたという。私が物心つくころには、七反百姓で畑を耕し、薪炭を商ったりして生計をたてていた。阿蘇の農家は例外なく貧しかったが、それは火山灰地で土地の生産性が低く、少数の地主が土地を占領していて経済格差が大きかったことによる。阿蘇では農作業のときにこんな俗謡がうたわれた。

田植の五月は
泣く子が欲しい
畦に腰かけ乳呑ましよ

阿蘇の百姓は
辛さも辛し
一生かかって玄米《くろごめ》一斗

年がら年じゅう働いても「玄米一斗」が残るていどで、割にあわない労働であった。

私が「わが母」を思い出すとき、きまって阿蘇の生活のきびしさ、そのおりおりに結びついた母であって、私にとって母は「故郷阿蘇」そのものである。母の口をかりれば「わしは十二人姉弟の三番目に生まれてのう、貧乏人の子沢山で十歳で子守り奉公いって、ずっと他人の飯を食うて、二十でここに嫁に来たんじゃ」という。だから母は、まったくの無学である。父も無学だが、お寺育ちだから、読み書きの素養はあった。

とにかく父も母も、真面目一途な人であった。父は政治が好きで安達謙蔵という政治家の使い走りのようなこともやっていたが、母は畑仕事、商売、子育てに明け暮れた。私の下に男の子が四人いるのだから、子どもたちを一人前に育てるということも、並大抵のことではなかったと思われる。

目を閉じて想起される母の姿は、畑で耕しているか、籾俵を担いでいるか、朝早く暗いカマドの前にすわって薪を燃しているか、髪をふりみだしているときばかりである。一家が卓袱台《ちゃぶだい》を囲んで、いそがしく箸を動かしている情景を思いうかべることもあるが、その中にも母の姿はない。そういうときも裏方の仕事を片づけていて、食事の団欒には加わらなかったのだろう。

考えてみると、そんな家に生をうけたので、私たち兄弟は、子どものころから家のためによく働いたと思う。鶏や牛馬の世話、草刈り、農作業、炊事、風呂たき、夕飯の準備、薪炭の配達など、手あたりしだい、こきつかわれた。汗くさい臭いで、いつも必死に働いている親をみていれば、親が少しでも喜ぶ顔をみたいと思うのが子どもの情である。兄弟ゲンカもよくしたが、不思議なほどによく働く子どもたちだった。

私の親は、学校で勉強がよくできる子になってほしいなどとは思ってもいなかったので、どの子にも「勉強しなさい」などとはいったことはなかった。それほどに経済的にも、文化的にも恵まれていなかったのである。そんな家に育ったので、子どもは気楽だったのかもしれない。

法事のとき、年長の従兄が「おばちゃんは、あなたを学徒兵で送り、弟たちを陸士、海兵と三人も戦さに出して、軍国の母と呼ばれたそうですな」といった。私は「それはちがうよ。戦さの好きな母さんなんておらんよ」といった。

出陣の朝早く私のところにやってきて、母は「生きて帰ってな。人殺しもいかんよ」といった。あの戦争を一番憎んでいたのは、「母だったのでは」と語ったものである。わが母というのは、そんなひとだった。

(『短詩形文学』二〇〇三年一月)

私と父

とりわけ男の作家にとって、父親は敵であり、壁であり、乗り超えるべき障害である。その敵が同時に肉親であるからこそ、戦いは愛憎にまみれ、陰影の襞に富んだドラマを繰り拡げる。

（宮本輝『流転の海』より）

九州の地図を開くと、北の九重連山から南中央山地にかけて、千八百メートルちかい高峰が、八つも九つも軒をつらねている。まさに九州の屋根の名にふさわしい。その真ん中が阿蘇山地で、中央部に五つの山が競い立ち、その一つ中岳が活火山で、終始濛々《もうもう》たる噴煙を噴いている。これらの火口近くをとりまくように、外輪山が障壁をなし、北に阿蘇谷、南に南郷谷という二つの盆地をつくっている。私は阿蘇谷の標高九百メートルのところに生まれた。

熊本での中学時代「お前、出身はどこか」と尋ねる教師に「はあ阿蘇です」と答えると「へえ、あそか」と軽蔑の口調でいわれたものである。そんな人跡果つる田舎だった。

村の真宗の壇那寺「常楽寺」の過去帳によれば、寛永十七年に「源左衛門天草島御領村ヨリ移リ柿木村ヲ創ム」とあるので、当時、人の住まなかった高原の火山灰地に入植して村を拓いたのが、祖先だということになる。

百姓一揆とキリシタン宗門一揆とが一つになって、三万七千人の百姓たちが幕府に反抗して立ち上がった島原・天草の乱は、寛永十四年のことだから、源左衛門という人は、この乱後に天草から阿蘇の山地に逃れてきたものであろう。

代々の宗門帳をみると、柿木姓を名のり、彦左衛門、甚左衛門とあるが、「柿ノ木」は村落名でもある。「乙名」「百姓代」「庄屋」「惣庄屋」などと印されているところからみると、江戸時代を通じての村の有力者であったことがわかる。

私の父の名は大平、その父は伊平、もう一つ前は源平というが、源平という人はなかなかの野心家で、天草の石炭採掘に肩入れしはじめてから、たちまち家産が傾きはじめ、伊平の代には約四十数町、山林五十町歩を失い、私の父は五歳のとき両親を失い、家からも放り出されてしまう。豪農の家に生まれ、零落の中を生きてきたのだから、憐れといえばあわれである。父はときおりその生いたちを、たんたんと語った。

「六つのときに常楽寺に拾われて小僧になり、住職が死んでから無尽会社につとめ、それが十五、六のとき。それからは叔母の嫁ぎ先の魚屋、自転車に塩魚を積んでふれあるき、徴兵検査までの数年、商売で阿蘇谷じゅうをまわったな。兵隊から戻ってから、尾州屋で板前奉公二、三年。そのあとに地主の榎本家の作男よ。百姓の子じゃけん、百姓がいちばん性に合っとったな」

このように書くと、父は貧乏な無学な人間ということになりそうだが、種田山頭火の句を愛し、みずからもたくさんの句を残した。

学問好きで、ある種の気位をもっていた。たとえば、小学校のとき「先生からなおされた」と習字の作品を見せると「お前はお父さんの通りにやれ」といわれたものである。

書はなかなかの達筆で、近所の石屋が墓名の字を頼みに来た。どこで修行したのか、今みてもすごい筆蹟である。

父は一人で酒を飲むことはなかった。村の乙名衆《おとなし》の寄合などとなると、「つきあい酒」が上手であった。わが家は町の入り口にあったので、どこの部落から出てきても足がかりがよかったので「大しゃん、大しゃん」ともちあげられる、つきあい上手だった。

もともと政治向きのことが好きで、部落のもめごとの仲裁役が好きだったので、声がかかると、すぐ出かけていった。「仲町」といって小料理屋の集まるところがあったが、一人ではとても出入りしないのに、仲間の集まりとなると、大島絣に桐の下駄をからからとといわせて、よく出かけたものである。

父は金ばなれのいい人で、酒が入ったあとの支払いは、父が「まかしとき、儂がやるきに」ということになったようだ。飲み屋の使いの者が顔を出すと、母は「三円」「五円」とぶつぶついいながら、くめんしたものである。

ときに私が金を持って店に行くと、父はおだてられて釣り銭を「遠慮はいらんけん」とお酌の女性たちにくれてやったりする。貧しい家計のやりくりをはたで見ている私は、そんな父を見ていて、口惜しい思いもしたものである。豪農の末裔に生まれた父は、そんな見栄っ張りの部分に争いがたき血を受け継いでいたのかもしれない。そんなとき父は、うまれつき「貧困」ではないことを誇示していたのかもしれない。

父が無駄な金を使うと、母は愚痴もいわずに、黙って節約のあかしとして何日も薯飯《いもめし》を炊いた。「また薯飯かい、ほっ」と父が一言。父の見栄張りの遊興が母を苦しめているということを、私たち兄弟は子ども心にも噛みしめていたし、自然に母親思いに仕立てて、父への憎しみが父を超える活力ともなった。でも母は「お父さんのようになっちゃいかんよ」とはいわなかった。考えてみると、子どもは父の大きさにも生き方を学び、その駄目な部分にも、ああはなりたくないと導きを受けるものである。
先日、父の本の裏に、山頭火ばりの句をみつけた。

一杯やりたい夕焼空

一九五九年十一月九日、突如「チチシス」の電報を受けた。事故死であった。父に縁のある「常楽寺」で葬儀が行われた、柩を出すのに、青年たちの列がえんえんとつづき、すすり泣きが肉親の胸を打った。白い法被姿の何十人もの青年に担がれ、列は途切れることなく墓地までつづいた。柩をとじて、その人の生涯は定まるのであろう。
そんな父と「じゃ一杯」とつきあいたくなる昨今の私である。

（『短詩形文学』二〇〇四年六月）

古い傷痕

もう三十年ぐらい前のことか。弟の則夫と熊本の人吉《ひとよし》温泉で一泊したことがある。たまたま夏休みで帰郷していた私が、人吉で泊まっているので、所用で人吉の奥まで行った弟が、私の宿を尋ねて同宿することにしたのである。

「ちょっと痩せたんじゃないか」

「生まれつきだよ。近頃、仕事も忙しかけど」

弟はそのころ県庁の地方事務所にいて、ドサ廻りをやっていた。浴衣に着がえて「さあひと風呂あびようか」ということになって、洗面道具を片手に、弟が先に立った。他に客もなく、ガランとした球磨川に面した浴室は、ありあまるお湯がもったいないほどで、ザーザー湯ぶねから溢れている。湯気が一面にたちこめて、二人の声だけが妙に反響する。シャボンを塗って、手桶で二杯三杯とお湯をかける。湯気が、もうもうと二人を包む。

そんな弟の背中に、ひとみをこらした。あったあった、腰骨の上のあたりに茶褐色になった傷痕が残っていた。「あった」私は声を出して、そっとその傷痕にさわってみた。「なに……」弟は小さい声でいった。「何でもない」といいながら、小学六年生の冬の日の記憶がよみがえった。一九三一年、戦争前のことだ。

「世界一の大火山……」

われわれは黄色い声を張り上げて校歌をうたった。有名な阿蘇火山のカルデラのど真ん中の町、それがふるさとである。「宮地」の名が示すとおり、大きな阿蘇神社の森が町の中心である。町の各地で湧水がこんこんと流れ、町中が清冽な清水で洗われている。当時の人口は七千人、農業のほかにみるべき産業はほとんどない。高い煙突といえば、二軒の銭湯があるだけである。工場といえば、製材所と瓦屋さんが二軒あるぐらいである。

それでもさすがに郡のキャピタル・タウンになっているので、区裁判所、警察署、税務署、国鉄の駅、銀行、旧制高等女学校があり、二筋の商店街もある。店の前には、駄柱という牛馬をつなぐ柱があった。近隣の農山村から、茅を積んだ牛馬がここにつながれ、尻尾をふって虻や蠅を追いながら、ホカホカの糞をたれた。

よそのどこの町村ともおなじように、人びとは眠ったようにくらしていた。ただ少しばかりちがうのは、集落の人口に「お屋敷」とよばれる神社の宮司の住居があったことである。そういってしまえばそれだけのことだが、他の神社の宮司とはまったく別格で「直接見たら眼がつぶれる」といわれたもので、天皇家の血すじとかで、男爵であった。三十段ほどの石段の上に黒い門がそびえたち、町の連中はお屋敷を遠くから見ているだけである。

そのころ、私は新聞配達をやっていた。父は木炭焼き、母は畑仕事で生計をたてていたが、兄弟が五人で、くらしは楽ではなかった。私は毎朝暗いうちに起きて、一番の汽車で運ばれる新聞を受けとり、町の商店の大売り出しなどのビラを新聞に折りこんで、二キロほどのだらだら坂を下り、町中を一軒一軒配ってまわった。といっても、そのころは、まだ新聞をとっていない家のほうが多かったくらいだ。

軒先のツララが凍ってとけない寒さの中、また降りつづく梅雨どきなど、決して楽な仕事ではなかった。どんなに急いでも一時間半はかかるし、新聞店のマーク入りの法被をきて、学校の時間ギリギリまで駆けまわった。道すがら女子の級友に出逢うのは、いかにも恥ずかしかった。とくに新聞配達で嫌なことは、購読料の集金の仕事である。月末になると、夕食前の時間などをみて集金してまわったものだ。

裏では人声がしているのに、大声で叫んでも出てこない家。「何の用かい、あ、新聞代か、わるいが明日にしてくれや」と素気なくいわれるかと思うと、「新聞代か、ホレ」と上がり框《かまち》の上にポイとほうり投げる人もいる。

「お屋敷」は、配達もさることながら集金も厄介であった。私の同級生にマサルという子がいた。「お屋敷」のことなら、マサルが一番の情報通であった。「お屋敷」には、カオルという私たちと同年輩の息子がいた。カオルなどとは呼ばないで「馬鹿息子」の通称でとおっていた。もちろん学校にも通っていなかった。マサルによると「お屋敷」では「キンシンケッコンばさすけん、あげん息子のでくるとたい」ということだった。僕等はマサルに「キンシンケッコンって何や……」と質問を集中したものである。

新聞配達はポストに投げこんでくればいいので雑作なかったが「お屋敷」に集金に行くとなると、ひと苦労である。家の中に入っていって「奥さま」にお目にかかるのは大変である。ここにはシェパードが二匹もいて、カオルが飼い手になっている。この犬にほえられることも、いやなことの一つである。いつものことながら広くて薄暗い台所にむかって、かすれた声で「すみません。新聞代とりにきました」と小さく叫ぶ。

その日、則夫に「お屋敷に行くけん、いっしょに行こうや」といってみた。二歳年下の則夫は、ものめずらしさに「行こう」といった。あの日、どうして弟を連れていったのだろう。「お屋敷」には、ひとりでは行きたくない気持があったのかもしれない。シェパードの雄が、梅もどきの幹につながれて、フーフー唸っている。

「ごめんください。新聞代ば、お願いします」

弟もいっしょに奥にむかって叫んだとき、二匹の犬が激しく吠えたてた。二匹が揃って狂ったように跳びあがり吠えたてる。弟が「恐しか」と私の肩にしがみついた。

「ワァ、ハハハハハ……」

そばでカオルが馬鹿笑いしている。「ソレ行ケ」と鳥のような声で、カオルが犬にけしかけた。犬はカオルに励まされて、猛然と私たちに迫ってきた。私は足許の石ころをひろって投げたが、弟は塀の中につっ伏した。一匹が弟にのしかかっている。カオルが手を叩いて笑っている。女中さんたちが出てきて、なんとか犬たちを取りおさえてくれた。

マサルがかけつけ、マサルのおじさんが弟を担いで高森医院につれていってくれた。弟のズボンとモモヒキが脱がされた。腰から尻は血だらけだった。弟は「痛い……」と泣き叫んだ。医者は手ぎわよく六針を縫った。その傷痕は赤くひきつっていつまでも残った。

それを見るたびに、私の心はうずいたものだ。

（『短詩形文学』二〇〇四年三月）

あとがき

この本は、「子どもを可能性としてみる」という教育そのものの命題（Ⅰ）と、「人それぞれに花あり」という随想風な記述（Ⅱ）を、あわせた形でできている。

私は、学校の教師でありつづけたので、日常の仕事には教育に関するものが少なくない。純粋な教育論は、それなりのテーマでまとめるとして、私が教育現場で感じたままを、雑誌などに書きつらねてきた比較的、随想的なものと、はじめから随想として書いたものを一冊にしたらどうなるか、その試みをしたのが、本書である。

教育の面では、人間の可能性、「学力」といったことにふれることが多くなる。

日本で「学力」という場合、明治の近代学校成立以来から長い間つくられてきた「保守的」学力像が尾をひいている。これは、日本の学校制度と社会的地位とを結んで、強固な学歴信仰となってつながってきた。

この百年余、さまざまな主張・論争を生んできたが、とくに一九六〇年代以降になって、学力を計測可能な範囲にとどめる立場と、学ぶ意欲・情意・感性などの「態度」をも含めて学力の総体とする考えとの間で、幾多の学力論争が展開されることとなった。

今後も、この論争はつづくだろうが、「国民的な教養」「豊かな人格」というキーワードが生み出される過程には、つねに学力問題が付帯した。

さらに、大学の大衆化とともに、九〇年代以降、分数計算のできない大学生など、大学生の学力低下にたいする批判が、噴出してきた。

実質的には、日本の学歴社会の虚像は解体しつつあるにもかかわらず、なお強固な部分があり、子どもが小学校中学年ぐらいになると、親の意識は子どもの学業成績に集中する。しかし一方、友達と仲良くしてほしい、集団に協調して行動してほしいなどの願いは多くの親にあるわけで、「成績」と「行動力」の双方を期待する気持ちはつよいとみていい。算数の計算がうまくなったりすることだけが、教育の最終目的ではないということは、わかっているはずである。多くの教師や親が、狭い意味での「学力」と、それを測る方法としての「評価」「評定」にとらわれすぎているところに、問題がありはしないか。

最近、私のまわりでよく耳にすることに、「できるが、わからない」ということがある。

「できる」、しかし「わからない」というのは、できる技法、つまり計算は解ける、公式も暗記してはいるが、なぜそうなのか、具体的には理解されていない学生が多いことをいう。問題を解くための集中力は優れているが、砂をかむような面白くない勉強になってしまっている。このような「目にみえる学力」だけでは、「事態を判断する学力」にはならないのではないか。

さて、本書後段の「随想」は、『短詩形文学』誌に二〇〇二年から毎号掲載させていただいた短編である。これは、狭い学力に対置していえば、私自身の日常的な勉強を綴ったものといえるかもしれない。私が雑誌などに短い随想を書き始めてから、二十年近く経つ。そのころ付き合っていた作家の藤原審爾さんに、文章を磨くには短文を書くことがよいとすすめられたことによる。

本書をまとめるのにご尽力いただいた小木宏さん、編集の高林寛子さん、刊行の労をとってくださった藤原書店に、とくにお礼を申しあげるしだいである。

二〇〇四年盛夏

丸木政臣

著者紹介

丸木 政臣（まるき・まさおみ）

1924年　熊本県生まれ
1943年　陸軍に入り、敗戦後しばらく農業に従事
1946年　熊本師範学校付属国民学校（翌年から熊本大学付属中学校）に勤務
1955年　私学和光学園に移る
1968年～　和光幼稚園・小学校・中学校・高等学校校長
1991年～　園長・副理事長として教育と経営の仕事につく
2000年　第9回ペスタロッチー教育賞受賞。

主な著書に次のようなものがある。
教育革命（1965年、三省堂）
教師とは何か（1975年、青木書店）
現代家庭と子育て（1981年、新日本出版社）
子育て子別れ（1983年、星林社）
母しゃんの子守歌（1985年、講談社）
いま沖縄を考える（1989年、岩崎書店）
歌集沖縄（1989年、星林社）
現代家庭の座標軸（1990年、星林社）
歌集おとうと（1991年、星林社）
学校が変わる日（1992年、民衆社）
わが教育の原点（1996年、新日本出版社）
あの青空をふたたび（1997年、岩波書店）
辛夷咲く庭（2002年、本の泉社）

子《こ》どもを可能性《かのうせい》としてみる

2004年10月20日　初版第１刷発行©

著　者　丸　木　政　臣
発行者　藤　原　良　雄
発行所　株式会社　藤原書店

〒162-0041　東京都新宿区早稲田鶴巻町523
ＴＥＬ　03（5272）0301
ＦＡＸ　03（5272）0450
振替　00160-4-17013
印刷・製本　図書印刷

落丁本・乱丁本はお取り替えします
定価はカバーに表示してあります
Printed in Japan
ISBN4-89434-412-2

沖縄から日本をひらくために

真振 MABUI

海勢頭豊

写真＝市毛實

沖縄に踏みとどまり魂（ＭＡＢＵＩ）を生きる姿が、本島や本土の多くの人々に深い感銘を与えてきた伝説のミュージシャンが、初めて語る半生の物語。喪われた日本人の心の源流である沖縄の、最も深い精神世界を語り下ろす。　＊ＣＤ付「月桃」「喜瀬武原」

Ｂ５変並製　一七六頁　二八〇〇円

（二〇〇三年六月刊）

◇4-89434-344-4

師・友人を通して綴る精神の軌跡

思い出の人々と

宮本憲一

地域、市民の視点から、経済学者として環境論、都市論の先駆的業績を残した宮本憲一。中野重治、清水武彦、高橋治、関一、マンフォード、ペティ、広松伝、辻由美子、志賀澤子、林曠子、安江良介、島恭彦ほか、かけがえのない師や友人との交流を通して、戦後の思想・経済の変遷を綴る。

四六上製　二四〇頁　二〇〇〇円

（二〇〇一年一〇月刊）

◇4-89434-254-5

日曜歴史家の心性史入門

「教育」の誕生

Ph・アリエス

中内敏夫・森田伸子編訳

名著『〈子供〉の誕生』『死を前にした人間』の日曜歴史家が、時代と社会によって変化する生物的なものと文化的なものの境界を活写し、歴史家の領域を拡大する〈心性史〉とは何かを呈示。「心性史とは何か」「避妊の起源」「生と死への態度」「家族の中の子ども」他。

Ａ５上製　二六四頁　三二〇〇円

（一九九二年五月刊）

◇4-938661-50-0

なぜ「生きる」か、なぜ「学ぶ」か

生きること学ぶこと〔新版〕

内田義彦

この現実全体を捉えるためには、真の〝社会科学〟的まなざしを養わなければならない――客観的に秩序だてる専門家のまなざし、日常的個人の主体的まなざしをひとりの個人の中で統合させることをめざして全身で問い続けた〈経済学者〉がいた！

四六変並製　二八〇頁　一九〇〇円

（二〇〇四年九月刊）

◇4-89434-411-4